世界五千年
科技故事丛书

卢嘉锡题

世界五千年科技故事丛书

传播中国古代科学文明的使者

李约瑟的故事

丛书主编　管成学　赵骥民

编著　王国忠

吉林出版集团 ｜ 吉林科学技术出版社

图书在版编目（CIP）数据

传播中国古代科学文明的使者：李约瑟的故事 / 管成学，
赵骥民主编. -- 长春：吉林科学技术出版社，2012.10（2022.1 重印）
ISBN 978-7-5384-6077-3

Ⅰ.① 传… Ⅱ.① 管… ② 赵… Ⅲ.① 李约瑟（1900～1995）
－生平事迹－通俗读物 Ⅳ.① K835.616.1-49

中国版本图书馆CIP数据核字（2012）第156213号

传播中国古代科学文明的使者：李约瑟的故事

主　　编　管成学　赵骥民
出 版 人　宛　霞
选题策划　张瑛琳
责任编辑　潘竞翔
封面设计　新华智品
制　　版　长春美印图文设计有限公司
开　　本　640mm×960mm　1 / 16
字　　数　100千字
印　　张　7.5
版　　次　2012年10月第1版
印　　次　2022年1月第5次印刷

出　　版　吉林出版集团
　　　　　吉林科学技术出版社
发　　行　吉林科学技术出版社
地　　址　长春市净月区福祉大路 5788 号
邮　　编　130118
发行部电话 / 传真　0431-81629529　81629530　81629531
　　　　　　　　　　81629532　81629533　81629534
储运部电话　0431-86059116
编辑部电话　0431-81629518
网　　址　www.jlstp.net
印　　刷　北京一鑫印务有限责任公司

书　　号　ISBN 978-7-5384-6077-3
定　　价　33.00元

序 言

十一届全国人大副委员长、中国科学院前院长、两院院士

[签名]

　　放眼21世纪，科学技术将以无法想象的速度迅猛发展，知识经济将全面崛起，国际竞争与合作将出现前所未有的激烈和广泛局面。在严峻的挑战面前，中华民族靠什么屹立于世界民族之林？靠人才，靠德、智、体、能、美全面发展的一代新人。今天的中小学生届时将要肩负起民族强盛的历史使命。为此，我们的知识界、出版界都应责无旁贷地多为他们提供丰富的精神养料。现在，一套大型的向广大青少年传播世界科学技术史知识的科普读物《世

界五千年科技故事丛书》出版面世了。

由中国科学院自然科学研究所、清华大学科技史暨古文献研究所、中国中医研究院医史文献研究所和温州师范学院、吉林省科普作家协会的同志们共同撰写的这套丛书，以世界五千年科学技术史为经，以各时代杰出的科技精英的科技创新活动作纬，勾画了世界科技发展的生动图景。作者着力于科学性与可读性相结合，思想性与趣味性相结合，历史性与时代性相结合，通过故事来讲述科学发现的真实历史条件和科学工作的艰苦性。本书中介绍了科学家们独立思考、敢于怀疑、勇于创新、百折不挠、求真务实的科学精神和他们在工作生活中宝贵的协作、友爱、宽容的人文精神。使青少年读者从科学家的故事中感受科学大师们的智慧、科学的思维方法和实验方法，受到有益的思想启迪。从有关人类重大科技活动的故事中，引起对人类社会发展重大问题的密切关注，全面地理解科学，树立正确的科学观，在知识经济时代理智地对待科学、对待社会、对待人生。阅读这套丛书是对课本的很好补充，是进行素质教育的理想读物。

读史使人明智。在历史的长河中，中华民族曾经创造了灿烂的科技文明，明代以前我国的科技一直处于世界领先地位，涌现出张衡、张仲景、祖冲之、僧一行、沈括、郭守敬、李时珍、徐光启、宋应星这样一批具有世界影响的科学家，而在近现代，中国具有世界级影响的科学家并不多，与我们这个有着13亿人口的泱泱大国并不相称，与世界先进科技水平相比较，在总体上我国的科技水平还存在着较大差距。当今世界各国都把科学技术视为推动社会发展的巨大动力，把培养科技创新人才当做提高创新能力的战略方针。我国也不失时机地确立了科技兴国战略，确立了全面实施素质教育，提高全民素质，培养适应21世纪需要的创新人才的战略决策。党的十六大又提出要形成全民学习、终身学习的学习型社会，形成比较完善的科技和文化创新体系。要全面建设小康社会，加快推进社会主义现代化建设，我们需要一代具有创新精神的人才，需要更多更伟大的科学家和工程技术人才。我真诚地希望这套丛书能激发青少年爱祖国、爱科学的热情，树立起献身科技事业的信念，努力拼搏，勇攀高峰，争当新世纪的优秀科技创新人才。

目　录

目 录 _____

非凡的童年

福冈是日本九州的一座美丽的海港城市，这里风景秀丽，气候宜人。1990年8月4日，由福冈市政府等创立的首届福冈亚洲文化奖特别奖获奖者纪念讲演会在该市政府15楼会议厅举行。会场内600余位各界人士济济一堂，气氛热烈。

一位满头银发的九旬老翁坐着轮椅，在讲台上，作了简短而精彩的演讲。他深情地回顾了自己所经历的长达90年的人生旅程，及其致力于中国科技研究的概况，最后充满感情地表示："我谨向那些在我的成长过程中，在我受教育的过程中，倾注心血的每一位，其中有我的父母，有在昂德尔公学的我的校长先生，以及在我的人生道路上给予我帮助、支持的所有人表示我的谢意！"话音刚落，全场报以经久不息的热烈的掌声。这位老翁就是我们要向大家介绍的英国著名的科学家、20世纪的伟大学者——李约瑟博士。

1900年12月9日，李约瑟出生在英国伦敦南区的一个信仰基督教的知识家庭。他的父亲约瑟夫·尼达姆原来是伦敦的一个开业医生，在哈里街有了自己的房子后，便专门从事外科麻醉，成了一位有名的麻醉师。在当时伦敦的几家大医院里，没有人不知道他的大名。老约瑟为人和蔼，知识渊博，办事严肃认真，对幼年的李约瑟产生很深的影响。老约瑟的妻子是一位作曲家兼乐队指挥，她娴静聪慧，在音乐上有很高的天赋，但十分浪漫，好出风头。李约瑟是他父亲第二次结婚后生的独子。老约瑟的前妻及其十几岁的女儿在伦敦流行的一次白喉中双双病故，这对老约瑟显然是个极大的打击，因此，现在对小约瑟这根"独苗"格外疼爱，全力加以培植，希望他能早日成材，继承他的事业。

每到风和日丽的假日，老约瑟就带儿子去海边游玩，这也是李约瑟最快活的日子。蔚蓝的大海在阳光的照射下，闪烁着诱人的银鳞般的波光，天际还不时吹来清新的海风，此时此景，十分令人陶醉。父子俩身着游泳衣，时而跳入海中嬉水，时而在松软的沙滩上尽情地追逐奔跑，体验着与大自然浑然一体的感觉。平时一贯表情严肃的老约瑟，此时也不禁童心焕发；远离城市的喧闹，享受着难得的天伦之乐，好像整个世界都是他俩的。老约瑟不但同儿子玩耍，而且也懂得在游玩中让儿子增长知识。这位精通医术的父亲，知识广博，好学深思，除自己本行外，还懂得不少工程技术之类的知识。老约瑟常常教儿子在沙滩上架桥，筑水坝，挖掘运河，建造水利工程；在游玩中向他灌输各种工程常识，努力培养儿子的广泛兴趣。与父亲的这番苦心相比，当音乐家的母亲虽然也疼爱儿子，但往往是给他买一些高档玩具或礼物，一送了事，很少真正关心他，教导他。记得有一次，她带小约瑟到伦敦的一家陆海军用品商店，他以为母亲会送他一套"士兵"玩具，结果出乎他的意料之外，母亲却买了一整套"野战医院"的玩具给他，什么"帐篷"呀，"运输车"呀，"医生"呀，"护士"呀一大堆，使他十分扫兴。

李约瑟自小生性聪慧，心灵手巧。由于父亲母亲的鼓励和诱导，他很早就学会了认字、打字、骑马和做外科医师的助手等。在他8岁时，就已能独立在家中的一台老式的约斯特打字机上打字。显而易见，这一基本技能对他后来从事科学事业的作用非同一般。老约瑟又是当地一支志愿骑兵分队的军医，他时常随骑兵队去参加野外演习，常常带儿子同去，李约瑟因此从小就学会了骑马，为他后来到中国大西北的千里戈壁长途考察打下了基础。最使李约瑟难忘和引以为自豪的是，童年时父亲给他的一次奖励。第一次世界大战进行之际，因各医院的外科医生严重不足，小约瑟常常在学校放假时，跟父亲去医院当手术助手，后来也竟成为一名英国皇家海军志愿后备军少尉军医。有一次，协助一位爵士做阑尾切除手术，手术进行中，擦拭刀口鲜血的纱布一块接一块，助手要在盐水碗里不断清洗再递给医生，有些从未有过这种经历的人，在这种场合往往见血会晕过去，但李约瑟却相当沉着。老约瑟见9岁的儿子在手术台上如此镇定自若，心中暗自欢喜：这小子有出息，没在爵士面前给我丢脸！手术结束后，老约瑟赏给儿子几枚金币，作为对他的奖励。不用多说，此时的李约瑟不知有多高兴。这次"大奖"使李约瑟终生难忘，直到他90岁时，在日本福冈接受这次真正的国际大奖时，还记忆犹新。

一位伟人说过，书籍是人类进步的阶梯。在老约瑟漂亮的书房里，收藏着古今中外的许多书籍，各种各样的图书不但排满了四周墙壁，而且还一直延伸到屋子里面。这些珍贵的藏书对李约瑟的童年产生了很大的影响。藏书中有一本《古代埃及人的风俗习惯》，曾激发起李约瑟的极大兴趣。还有一册《哲学的历史》，也给他留下了深刻的印象，这本书至今仍保存在李约瑟的书房里。有人说过，一本书或一句话，可能会影响一个人的一生。李约瑟就是这样受影响的人。从小就对书籍怀有酷爱之心的李约瑟，后来一直为失去父亲的图书室而深感惋惜，他只是留下了仅有的几本书作为纪念。

李约瑟的外祖母是法国人，父亲因此常常带他到法国去，并不时地给他讲述法国文化的优点和精神，介绍法国科学家的故事。有时在送儿子上学的马车上，父亲还教他读法文版的文学书，讲法国的寓言故事给他听。由此，老约瑟慢慢地在他幼小的心田里撒下了鉴赏法国文化的种子。老约瑟不但教儿子书本知识，而且更注重教他如何做人。除了经常带他去教堂做礼拜外，在生活中，老约瑟常常教他一些富有哲理性的格言，好比"空手不上楼"、"再好的东西，不吃三份"、"今日事，今日毕"等等。这些人生的道理，影响了李约瑟的一生。每天放学后，李约瑟必定到一家店铺去买巧克力薄饼充当点心，在回家的公共汽车上，他很乐意与售票员共同分享，车上的乘客纷纷向这个慷慨的孩子投来赞许的目光。在家庭良好教育的熏陶下，李约瑟从小就养成了敬老怜贫的优良品德。

在李约瑟童年的生活中，美中不足的是，学者型的父亲与浪漫型的母亲常常显得格格不入，并时常发生矛盾和冲突。在这三口之家，李约瑟虽然受到双亲的疼爱，但父母的不和常常使他处于两难的境地。对此，他感到十分苦恼，甚至有时有些绝望。最明显不过的是李约瑟那个一串长长的洗礼名，这是父母双方互不相让的结果。李约瑟对此非常讨厌；后来他干脆将名字省略成现在的"约瑟夫·尼达姆"，这与父亲的名字完全相同，虽然这是为了方便，但也或多或少显示了他偏爱父亲的性格。"李约瑟"则是他后来来中国所取的汉名。

李约瑟6岁那年，父亲在诊所里教他认字，不知怎么被当音乐家的母亲发觉了，她认为让这么小的孩子认字，岂非苦了他！她感到心疼而无法忍受，于是就在锁了门的诊所门窗上乒乒乓乓地敲打，边敲打边嚷嚷："你这个做父亲的，这不是要折腾他吗？赶快给我出来！"老约瑟闻声，心中怒不可遏，气得连八字胡也竖了起来，但毕竟不能难为自己的孩子。回敬夫人几句后，便无可奈何地开了门，类似的争吵和冲突在家中时有发生。

为了躲避这种令人沮丧的不快场面，李约瑟常常孤独地跑到屋顶的育儿室去消遣，那里虽然有着各种各样的玩具，但丝毫不能引发他的兴趣。这个独生子，在这种情形下，显得十分孤单无援，加上父母几乎同他们双方的家庭断绝了一切往来，想要找个调解劝说的人也想不出一个办法来。问题很简单，也很明确，除了他自己，家中没有第二个人能来充当调解者。他想起了父亲在沙滩上教他如何架桥的情景：人们要想跨越大江大河，沟通两岸，不是设法在大江两岸架设一座桥梁吗？从此，他决意充当调解人、"架桥"者。李约瑟后来回忆说："一个小孩子处于这样的环境，要不偏袒任何一方是很痛苦的。然而，随着时间的推移，我越来越觉得自己同情父亲医学和科学的心理状态胜过同情母亲的浪漫豪放。""后来我又觉得从母亲那里受益不浅。"可见，幼年的李约瑟无意识地从父亲那儿学到了科学的头脑和全力以赴的工作热情；从母亲那儿学到了宽大的胸襟和有谋略、有创造的精神。而为了使父母能和睦相处，他又使自己成为调和对立方的"架桥者"。李约瑟的这一独特的本领，可说是他童年时代的特殊收获。正由于这种调和和沟通的本领，才使他在以后沟通科学与宗教、东方与西方等方面大显身手，成就卓著。

桑德森校长

　　桑德森是李约瑟中学时代昂德尔公学的校长。多年来，李约瑟一直深深地怀念着他。李约瑟说，他自己对科技、历史等各方面的兴趣是从小慢慢培养起来的。对他影响最深的是他在昂德尔受教育的校长桑德森先生。1990年9月，李约瑟在日本第一届福冈亚洲文化奖特别奖授奖纪念演讲会上还感慨地说："回顾我的一生，我觉得我的事业很大程度上受益于给我人生带来很大影响的桑德森这位昂德尔公学校长和他对我的忠告——'要以广阔的视野思考问题和要找到能激励自己去执著追求的东西。'"

　　正当1914年第一次世界大战爆发之时，14岁的李约瑟被父亲送到爱尔兰诺普顿郡的昂德尔公学去读书。这所名为"公学"的学校实际上是一所民办的私立学校，它以高质量的教学水平而吸引了不少学生家长送自己的子女前来求学，在当时已小有名气。公学的教育方法独特，它非常注重培养学生的实践本领和广泛兴趣，因而颇受家长们的欢迎。公学培养的目标是未来的工程师，学生中有不少是北部"家庭工厂"的儿子，他们几乎都准备日后当工程师来继承家业。

从小即有文才的李约瑟进入公学学习后，如鱼得水，充分发挥了自己的特长。当时，他在学校担任了学生的《宿舍杂志》的编辑，为他日后编写《中国科学技术史》作了初步的训练。在公学的四年时间实在使李约瑟获益匪浅。

昂德尔公学十分注重培养学生的实践能力，为此，它设立了一个出色的工厂。工厂里配备有各式各样的机器、车床、蒸汽机等，学校规定每个学生每周都必须到金工车间工作数小时，让他们去操作各种机器，并按照各种机器制图，去铸造车间学铸件，学木工活，培养动手能力。李约瑟当时因牙齿不好，常常要到离校很远的彼得巴勒去看病，在烦人的等车的空闲，他从火车司机那里学会了驾驶火车的本领。这些经历，使李约瑟自然获得了大量的工科基础知识，对他后来编写中国机械工程史带来极大的帮助。

公学还非常重视写作，尽量让学生阅读原著、博览辞书，指导他们写作读书心得和有关的作品。李约瑟还记得写过一篇关于20世纪欧洲一个圣殿骑士团兴废史的文章。在古典文学的教学方面，学校也作了一些改进，在学习希腊、拉丁语法和语言学的同时，还鼓励学生广泛学习古希腊的哲学著作，以开阔学生的视野。昂德尔公学还有一个重要特点，就是要求学生全面发展，扩大知识面。如学习古典文学的学生，学校竭力鼓励他们努力钻研生物化学或化学方面的基础知识。此时的李约瑟，因而也接触了生物化学的某些基础知识。有一次，他在学校颁奖典礼上向来宾说明各种不同动物的红细胞问题，说来也巧，李约瑟当时心目中的英雄韦尔斯正好坐在来宾席上聚精会神地听他讲解，从而导致了他与这位英雄的第一次见面。H.G.韦尔斯是桑德森校长的朋友，他的科学小说和社会哲学著作对少年李约瑟的成长影响颇深。虽然他的父母总要他阅读简·奥斯丁和勃朗特姊妹等作家的作品，但李约瑟心目中的伟大英雄却是韦尔斯。在这次授奖典礼上，也是李约瑟同他后来的生化实验室上司霍普金斯初次见面，并被霍普金斯的伟大品德所深深吸引。

可以毫不夸张地说，李约瑟的科学史意识及兴趣最早萌芽于昂德尔公学。在桑德森筹建的一所"求索博物馆"中，陈列着不少历史文物和学生自己绘制的历史图表，以此来说明各朝代的兴盛衰亡及其科学文化方面的成就。当时，李约瑟就曾绘制一幅《生化和生理学史图解》，这幅图表至今仍保存在剑桥，并得到众人的高度赞扬。桑德森常对他的学生们说，你对过去的理解越透彻，你对未来的景象就越有正确的推测。例如，你看到原始部族联结而成城邦、国家，再进而越来越大，其组织机构越来越复杂、越高级，你就能看出社会组织的步步上升。这种贯通古今未来的思想后来成为李约瑟世界观基础的组成部分，使他对社会进化有了明晰的认识。

由于桑德森校长喜欢畅谈古往今来的历史，并且讲得十分动人，毫不枯燥，以至引起学生对历史发生浓厚的兴趣。桑德森上《圣经》课，并非从宗教角度而是从历史和考古方面来论述《圣经》的，并十分强调历史图表。因此在李约瑟当时读过的《圣经》中，至今还保存着贴在书里的不少国家历史的复杂图解。桑德森的"历史主义"教学法逐渐将李约瑟的兴趣吸引到了科学史方面来，他在学生时代对不少科学史著作发生浓厚兴趣，显然是受到桑德森校长多年影响的结果。桑德森是一位有天分、有社会主义信念的老师，他对李约瑟一生的影响是至关重要的。他常常对李约瑟说："思考问题要有广阔的视野"、"如果你能找到唤起自己执著追求的东西，那么你就能把它干好。"李约瑟在这位天才校长不断的教诲和影响下，对历史的发展逐渐养成了韦尔斯式的广阔视野并坚信实验研究的价值。他机智地把这种观点与从母亲那儿学到的性格融合在一起，终于大胆构思出了《化学胚胎学》和《中国科学技术史》那样的巨著。当他在90高龄回顾自己的学术生涯时说："中国科学技术史这个研究课题，我想就是'以广阔视野思考问题'的最好实例了"，"中国的科学与技术就是我找到的能唤起我执著追求的东西，而且也可以说实现了。"

昂德尔公学以有桑德森这样办学有方的校长而闻名，它也以培养出像李约瑟这样的杰出学生而为荣。1986年，昂德尔公学将一间教室以"李约瑟"来命名，当时已86岁高龄的李约瑟的夫人李大斐，在同人民教育家陶行知先生谈起昂德尔的桑德森校长时，也倍加称赞，并充满无限敬意。

大器早成

　　剑桥是在英国伦敦正北80多千米的一个大学城。她风景优美，尤其是位于流经城中的剑河西岸，绿树成荫，碧草如茵，加之小楼、桥影，以及高耸的哥特式教堂，古色古香，犹如一幅色彩斑斓的油画。举世闻名的剑桥大学是英国国王亨利三世于1209年创建的，它与牛津大学同为英国历史悠久、英才辈出的著名高等学府。世人常将这两所著名大学相提并论。剑桥大学在全市分布有几十个学院，最古老的学院集中在剑桥市的市中心。剑河河面不宽，有5座小桥横跨河面，古老的圣约翰学院的"叹息桥"与年轻的达尔文学院对着的"数学桥"，似乎成了这个高等学府南北的界标。剑桥大学在历史上出了很多名人，如培根、弥尔顿、牛顿、拜伦等，为这所古老的大学赢得很高的荣誉。青年李约瑟的大学生活正是在这所具有历史传统的高等学府中度过的。

1918年10月，年仅18岁的李约瑟由叔父阿尔弗雷德资助进入剑桥大学冈维尔—基兹学院学习，他最先选择的专业是生物医学，以便将来能继承父业，做一名受人尊敬的医师。这个学院是剑桥大学几十个学院中最古老的学院之一，它素以培养众多的医学家和神学家而著称。学院的名称就是以诺福克教区牧师爱德蒙·冈维尔和名医约翰·基兹这两个创办人的姓氏命名的。李约瑟十分敬仰的血液循环的发现者、伟大的医学家威廉·哈维也出自该学院，毫无疑问，李约瑟对进这样的学院学习显然是感到十分自豪的。

刚进学院时，李约瑟只打算学解剖学、生理学和动物学等生物学科。但他的指导老师、富有浪漫色彩的威廉·哈代爵士却竭力劝他兼习化学。哈代对他说：

"不，不，我的孩子，那绝对不行。未来是在于原子和分子，我的孩子，原子和分子。你必须搞化学。"

李约瑟听从了他的劝告，果真学起了化学。通过一段时期的学习，他不但通过了二次医学学士考试，而且还获得化学、生理学和解剖学的优等生学位。没有多久，他又被在昂德尔公学见过面的、伟大的生化学家霍普金斯爵士所讲授的课程所吸引，最后听从他的指导，为了进一步学好医学，而去从事生物化学的研究工作。这个重要的转折，是李约瑟日后从事中国科学史研究的关键。他常常为自己未能继承父业学医引以为憾，并说：

"假如我搞了医学，我就不会碰到这些中国科学家，也就不会受到启发来从事这项占了我整个后半生的工作。"

大学生活中的李约瑟，喜欢博览群书，并兴趣广泛，诸如打球、游泳、莫里斯舞蹈等等，无所不能，同时他又是个虔诚的基督徒，宗教生活也是他不可缺少的重要部分。暑期到了，他常去剑桥的乡村原野读书。那儿的水塘水平如镜，清澈见底，四周草木茂盛，姹紫嫣红，十分宁静，是一个理想的休息之地。李约瑟常常一去就是一整天，在那风景宜人之地读了不少名人传记和诗歌作品。

李约瑟的课余生活是异常丰富的，自然也使自己很紧张忙碌。在高年级阶段，他结交了一些知名科学家，并参加了高级的学术团体以及医生和医科学生的学术活动，诸如讨论生命的性质和起源、波斯和阿拉伯医学及其历史、摩尼教及其历史等演讲，更使本来就热衷于科学史的李约瑟兴趣大增。这些激动人心的演讲向他展示了学问的伟大和思想史的史诗般的风采，使他终生难忘。

1921年，作为研究生的李约瑟进入了剑桥大学霍普金斯爵士主持的生化实验室。他身穿被硫酸烂穿了许多孔的工作服，不是手拿试管，就是气喘吁吁地东奔西走。无论怎么说，李约瑟都是幸运的，他先是当学生，后来作研究人员，再后来是实验指导，最后是威廉·邓爵士生化讲座高级讲师，同时又取得了辉煌的学术成就。

富有演讲魅力的霍普金斯爵士是伟大的生化学家、英国现代生物化学的真正创始人，有"生物化学之父"之称。他个儿不高，平易近人，天性敦厚，并有坚定的信念，1929年因在研究蛋白质及维生素方面的特殊贡献，与荷兰的艾克曼分享了该年的诺贝尔生理学及医学奖。不久，他就任英国皇家学会会长。他善于用友谊而不是权威来实行管理。他更不爱支配别人、控制别人，也从不向别人提出课题，"这是一个听其'沉浮'的研究所"，对李约瑟来说，这显然是个一展身手的理想之地。

1924年夏，李约瑟获得哲学博士学位，并被选为基兹学院研究院士。也在这一年，他结束了只有宗教色彩的独身生活，向比他大4岁的、前途无量的青年生化学家多茜西·玛丽·莫伊尔小姐（即李大斐）求婚成功，从此他们同舟共济，一起生活了63个春秋。

　　自幼便学会"架桥"本领的李约瑟，在他大学生涯时就试图在生物化学和神经生理学、神经心理学之间进行沟通，如同调和科学和宗教间的隔阂一样，虽然当时未获成功，但他并未气馁。此时他却把精力放在另一对几乎无法调和的对立物上，即生物化学与形态学。不久他出版了一系列论文集，如《怀疑的生物学家》、《伟大的两栖类》、《历史在我们一边》和《时间——更新的长河》等。这些成果越来越清楚地表明，科学史、思想史和历史学正成为李约瑟越来越感兴趣的研究领域。当然，这同他的思想发展轨迹是正好相符的。

　　此时的李约瑟已隐隐感到，实现自己的多年愿望的曙光已显露，"架桥"成功有望。在那些埋头"架桥"的日子里，李约瑟终日守在自己的打字机前工作，到了必须休息的时间，他热情地欢迎同事到他的房间一同吃茶点。他总是从写字台旁一跃而起，拨一拨炉子里的煤炭或木柴，给同事煮茶，一边哼着民歌，一边把他在打字机上打好的一堆稿子给同事看。功夫不负有心人。1931年，一部里程碑式的著作《化学胚胎学》三卷本终于问世了。

　　《化学胚胎家》的问世，受到学术界一致的称赞。全世界100多种重要科学、医学刊物发展评论，欢呼这部著作的出版。有人将李约瑟誉为"胚胎生物化学之父"。有人评论说："这本书自成一部经典名著"。"它阐明了他的先驱者在这新的领域所已经达到的学说的深度，确定了它的范围。用这一部分巩固另一部分，向全世界宣称：生物学的这门分支学科，将从此完全有权利在它自己的领域中名正言顺地树立起来。"

与此有关的是，李约瑟在写《化学胚胎学》时，认为有必要评论一下从最早的年代直至1800年的胚胎学历史，作为该书的序言。这篇长序后来被题为《胚胎学史》在1932年单独出版。这可视为李约瑟又向科学史研究靠拢的一个大胆的举动。

由此生物化学和实验胚胎学这两门学科的界线在20世纪30年代初发生重大突破，这一根本性的发现，又一次引起李约瑟浓厚的研究兴趣。在10年之后的第二次世界大战期间，他又出版了另一部巨著《生物化学和形态发生》，再次在世界上引起轰动。有人评论说，该书将在科学史上列为李约瑟的杰作而流传下去，必将成为达尔文以来生物学上一部真正划时代的名著。

由此可以看出，李约瑟在专业资料上的非凡的组织能力和记忆力，同时也可明白无误地感觉到他的追求科学史研究的酷爱之心此时跳动得如此强烈，以至只要稍加引拨，他就立即会转到科学史研究的大道上来。

在一般正统的学者眼里，科学史仅仅是退休在家而无事可干的人的一种消遣，是个不登大雅之堂的玩意儿，而一个年轻有为的科学家对此是不屑一顾的，否则岂非舍本求末、"不务正业"吗？据作者1996年5月在北京采访李约瑟的挚友、著名植物生理学家汤佩松教授时获知，忍气吞声在霍普金斯门下未被重用，因而郁郁不得志，从而使他萌生专事研究科学史的勇敢念头，乃至最后因三位中国留学生的引发，改变了自己后半生的事业，并获得巨大成功。李约瑟是一个从不说别人坏话的人，在他的著作里找不到对霍普金斯稍稍流露不满的痕迹，当时在生化实验室，他和他的同事甚至还编过一本《霍普金斯和生物化学》的书，但人非圣贤，孰能无过？

"一见钟情"

　　1937年8月13日上午，日本侵略军在上海闸北发起进攻，由此为期三个月的上海保卫战爆发。就在这形势十分险恶的日子里，黄浦江上出现了扣人心弦的惊险一幕：一艘载着几个中国人的小船在外滩离岸，正急切地向吴淞口驶去，突然，侵华日机在江上不时盘旋、俯冲，正在寻找攻击目标。敌机在小船上空呼啸而过，并向小船发动攻击，炸弹纷纷向小船飞来，情况十分危急。正在此时，一艘英国驱逐舰向小船驶近，水手们从小船上救起了几个幸免于难的中国人。在被救的中国人中，有一位面目憔悴的青年女子，她来自上海雷士德医学研究院，此番是准备去吴淞口换乘英国客轮赴剑桥大学留学。动身前，她还患着伤寒症呢！正是这位看来平常的东方女子，后来却改变了当时已饮誉国际生化学界的年轻科学家李约瑟后半生的轨迹。乍听起来，简直有点不可思议。

就在这一年，剑桥先后来了三位攻读博士学位的中国留学生，他们是沈诗章、王应睐和鲁桂珍，后者就是上面所说被英舰从小船上救起的那位东方女子。不久，紧张的学习生活开始了，燕京大学的沈诗章跟随李约瑟研究动物卵的呼吸问题，金陵大学的王应睐先后师从海里斯教授和戴维·凯林教授研究维生素和蛋白质，鲁桂珍则由李约瑟的夫人、生物蛋白质专家李大斐带领，从事生化研究。三位留学生相互间并不陌生，王应睐和沈诗章原是燕京大学的校友，鲁桂珍与王应睐则在国内曾共事过一个月，而现在他们又为同一个目标会合在一起，三人的感情无疑又深了一层，闲暇时的交谈也就日益频繁。

由于相同的生化专业以及中国留学生之间的频繁往来，李约瑟也同王应睐和沈诗章建立了个人友谊，并经常同他们讨论儒家和道家思想对中国社会产生的影响，而李约瑟与其夫人指导的学生鲁桂珍则更少拘束，以至成为李约瑟夫妇的挚友。夫妇俩经常同她一起喝下午茶或共同进餐，席间常常讨论中国古代文明等学术问题。原先，李约瑟同多数欧美学者一样，自认为只有他们才有科学和科学传统，而其他国家和地区，尤其是东方几乎是一片空白，毫无科学而言。欧美人也总是认为自己的民族才是聪明、优等的民族，而其他民族则不值一提。端庄、活泼并有几分固执的鲁桂珍使李约瑟不断了解中国古代科技的辉煌成果，古代东方隐藏的璀璨的宝藏竟使李约瑟大为惊讶。在与这位东方女子的闲聊中，李约瑟常常会发出惊叹："这些发现在西方是很晚才知道的，你为什么不早告诉我？"

鲁桂珍则莞尔一笑说："我怎么知道西方人那么晚才知道，这在中国人看来都是常识。"

久而久之，李约瑟和中国留学生之间产生了一种"奇异的磁力"，他后来说："越和这些年轻科学家接近了解，越明确认识到他们的智慧能量与我并驾齐驱，这就把问题显得尖锐突出了，为什么近代科学伽利略时代这个新的实验的哲学，与早期的皇家学会只发生于欧洲文明，而不产生于中国或印度？"

再过了许久，在和鲁桂珍一起开始研究中国历史之后，"第二个问题随之出现：为什么在早先的14个世纪里，中国对于自然现象的知识和用以造福人类方面也远远胜过欧洲呢？"这个问题使李约瑟对中国古代文明产生了景仰与探究之心，并决心彻底清除西方汉学家的种种偏见，以还历史的真实面貌，从而使他的后半生经历发生戏剧性的改变。

鲁桂珍出生于南京一个来自李时珍故乡的药商之家。她的关于中国古代文明的信念来源于其父鲁茂庭对她的长期熏陶的影响。李约瑟后来多次说过，他们给他的影响远比剑桥大学给他们的为大。尤其是鲁桂珍，对他的中国科技史研究起了激素和诱导物质的作用。不管他们从剑桥带走了什么，他们留下了一个宝贵的信念，中国文明曾经在科学技术史上起过迄今未被人充分认识到的多方面的巨大作用。因此，后来在《中国科学技术史》第一卷出版后，李约瑟顺理成章地将它献给了这位南京药商——鲁茂庭博士。

从此，李约瑟像换了个人似的，发生了信仰上了的皈依，就像《圣经》上圣保罗在去大马士革的路上改过自新后皈依真谛那样，而坠入中国古代文明的爱河，一发而不可收。要研究和探索中国文化，对李约瑟来说，第一道难关是语言文字关，这也是过去汉学家的一个基本功。当时虽已38岁的李约瑟，对此并不气馁，他决心向他的研究生学习。

追根溯源，李约瑟对汉语的兴趣，主要是受鲁桂珍等三位中国留学生的影响。鲁桂珍后来说，由于他同中国朋友的交往，他认识到自己有许多关于中国文明的东西需要学习，所以他和中国学生相处是作为学生，而不是以先生自居。大概就因为这种与一般西方科学家不同的开明的谦虚态度，所以他那么快就同中国人民结下了友谊，他能同他们谈话，也能阅读他们的文字，这一点我想那些同他共事的英国外交人员一定会觉得惊奇。这里面原有神秘的原因，原来他没有来到中国之前，早已同中国朋友们建立了精神上的友谊。

在语言问题上，不少人都知道，偶尔有一些西方人见到了中国的奇异的表意文字，会发生一种不可自制的强烈的欲望，不惜一切代价地要学习汉字，这类例子举不胜举。李约瑟后来在他的《中国科学技术史》第一卷中曾提到19世纪时的一位著名传教士伟烈亚力，这位曾在上海活动的西方人，原来是学做细木工的。有一次，他在旧书店找到一本泼雷麻尔写的《中国文字的学习途径》，从中得到巨大的启发，鼓励他发愤学习这种奇异的表意文字。功夫不负有心人，通过刻苦学习，伟烈亚力后来终于成为一位研究中国科学的传教士兼数学家，一位著名的西方汉学家。李约瑟还经常对鲁桂珍讲起他在美国加利福尼亚的一位叫迈克尔·黑格蒂的朋友。这位上了年纪的朋友，原先是个书籍装订商。有一天，有人拿来一堆中国书叫他装订，他一见这种奇特的文字，心中大为震惊，便爱慕不已；他觉得自己非要拼命学习这种奇妙的文字不可。于是他夜以继日地拼命学习，并对中国植物学作了很深的研究，后来终于成为华盛顿的农业部主要译员。李约瑟从上述二人的传奇式事迹中得到莫大鼓舞，他常常用"皈依"二字来形容自己对中国文化的信仰及对汉字的酷爱。

从此，李约瑟手不离中文书，口不离汉语。就像刚上学的小学生学语文一样。鲁桂珍等三位中国留学生自然成了他的导师，尤其是鲁桂珍，她像教导幼儿园儿童一般，帮助他学习汉语，并经常接受和回复一些简单的中文书信。李约瑟从未受到过正规的汉语教育，只是出席过几次汉语研讨会，那是二次大战开始后在伦敦东方研究学院撤并到剑桥的时候。李约瑟更没有像读剑桥大学东方学科荣誉学院的学生那样修毕全部正常课程，因而他后来一直声称自己并不是专业汉学家。这对李约瑟来说也许是件好事，因为有许多汉学家虽有高深的语言知识，都很漠视中国的文化和人民。真正对他有帮助的是当时剑桥的一位汉语教授捷克学者古斯塔夫·哈隆。哈隆是捷克苏台德人，原任德国哥廷根大学汉学研究所所长，对中国古代文化诸如甲骨文、诸子百家及西藏史地等均有精深的研究，出版过多种汉学著作。他为人正直和蔼并乐于助人，曾与当时留德的中国学者季羡林结下深厚友谊。但哈隆在哥廷根大学未受到校方的重视，故而郁郁寡欢，闷闷不乐，常常同他的妻子一大早从家里赶到研究所图书馆，哈隆便埋头于学问之中，妻子则做针线或随意阅读以便打发时间。如此年复一年地度过了数个春秋。1938年，哈隆终于离开哥廷根大学来到李约瑟所在的剑桥大学任汉语教授。

哈隆感到一个年近40、正在积极工作的科学家决心要学习汉语，用通常的教学方法是行不通的，因为时间不容许。因此，哈隆就为他安排了每周两个小时，同他一起讨论自己翻译并准备出版的中国哲学及经济的古典著作——《管子》。哈隆认为这对李约瑟来说是学习汉语引人入胜的最佳途径。于是，每逢星期天，李约瑟便冒着蒙蒙细雨骑着自行车去西德维克大街哈隆家学习汉语。在跟随哈隆学习汉语的数年时间里，李约瑟获益匪浅。有一次在他们共同阅读《管子》时，哈隆建议李约瑟不必细读某章的某些材料，因为其中似乎只包括一些关于动物的荒诞无稽的传说。可是，李约瑟不以为然，他都仔细地研究了它。结果发现，其中有一段文字谈到某些海洋动物受到月亮周期的影响，它们的大小随着月亮的盈亏而增大或缩小。这使李约瑟大为惊奇，因为他记得亚里士多德曾说过完全相同的话。李约瑟后来对道家一见倾心，发生浓厚兴趣，并深入到中国古代文明的"金矿"中探宝，这不能不认为同他当时接触的这部中国古籍有关。

与此同时，李约瑟在学习汉语过程中，自己还创造性地发明了一套学习方法，并用新的检字法编了一部自己学习用的词典，用于学习。有人曾在基兹学院的研究室里看到一本旧练习簿，发现李约瑟从某部汉英字典中抄录了每一个汉字，这需要何等的勇气与毅力啊！他就是这样刻苦钻研，发愤学习，并为此持续了10多年时间，终于学习和掌握了足够的汉语知识，以致后来来能在撰写《中国科学技术史》时直接利用中文的原始资料。

在李约瑟学习汉语过程中，还有一则令人发笑的趣闻逸事。有一年夏天，李约瑟夫妇同一群朋友在诺福克的林斯泰德磨坊度一天假期，这显然是个难得的休闲的好机会。但正当大家准备要出去散步的时候，李约瑟突然"头痛"得十分厉害，连连说"对不起！我只得留下了。"说毕便躺在沙发上休息，朋友们感到非常遗憾，只得离他而去，待朋友们散步结束返回时，他们看见李约瑟仍躺在沙发上，并避着光线以保护眼睛，但桌上都摊着汉语字典和练习簿。夫人李大斐似乎一切都明白了。她虽然像往常一样对丈夫极富同情心，但也不乏科学的怀疑精神，便走过去摸摸桌旁的那把椅子，发现椅子暖烘烘的，说明它刚有人坐过。李大斐此时真有些哭笑不得，但又若无其事地走到丈夫面前，体贴地问道："好些了吧？"李约瑟此时捂着头答道："好些了。"这件趣闻淋漓尽致地表现了李约瑟一贯的突出的个性——"坚持"，正是这种可贵的个性，李约瑟日后方能创造出经天纬地的不朽业绩。

他后来说："我一直觉得，为了东亚研究的课题，以优异成绩通过语言考试而在教室学习汉语，和不带功利目的、作为一件有趣的事而学习，这两者之间是有区别的。自那以后，我阅读汉语开始摆脱初级的'ABC'阶段，进入了如夏日遨游江河那样的畅快阶段。"

科学城昆明

　　自从李约瑟从鲁桂珍等中国留学生那里得到启迪：古代中国的科学技术是一个"令人眼花缭乱的金矿"，他便夜以继日地贪婪地苦读中国的经、史、子、集，立志要从这个金矿中发掘出珍贵的宝藏来，一扫西方人在世界文明史中的霸道行径。1939年，鲁桂珍在剑桥提前毕业，获得博士学位，由于当时严重的战况，无法使她回到阔别多年的祖国。她在与李约瑟合作撰写了他们的第一篇中国医学史的论文后，便受中国研究院之托，与语言学家赵元任一起赴美国出席第6届太平洋科学大会。李约瑟在同她分手时相约，今后两人要在中国科技史方面做一番事业，其决心犹如当年罗马国会上的主张："迦太基不灭，我们就要被灭亡。"

他们未来的蓝图是撰写"一本过去西洋文献中旷古未见的关于中国文化中的科学技术和医学的历史专著",这就是后来震惊寰宇的《中国科学技术史》的胚芽。

1942年秋,第二次世界大战进入重要的关键阶段,英国政府决定派遣科学家和学者访问和支援战时中国的科学界和大学。当时,掌握中文的英国学者犹如凤毛麟角,初通中文并对东方文明有着强烈兴趣的李约瑟因而被选中,他和牛津大学的希腊文教授E.R.多兹博士组成"英国文化科学赴中国使团",代表英国皇家学会和英国学术院前往中国进行科学文化交流。

1943年2月,肩负援助战时中国使命的李约瑟,在考察了美国和印度的一些科学机构后,从加尔各答出发,飞越著名的"驼峰"——喜马拉雅山,抵达中国的昆明。四季如春的昆明给李约瑟留下了极其深刻的印象,他说,昆明无疑是整个自由中国的首要科学技术中心。这座美丽的城市位于一片辽阔的盆地形高原,群山环抱。就其高度和亚热带纬度而言,昆明气候宜人,优于加利福尼亚。昆明也建有许多漂亮的庙宇,有孔庙、佛寺和道观。由于它与法属印度支那和缅甸的交往,昆明有一种特别的世界都市的气氛。

位于大后方的昆明一带，集中了战时南迁的大学及科研机构。

西南联大虽然是由三校所组成，但他们的研究仍保持相对独立。在昆明市郊疏散有清华大学的近10个研究所及其他一些研究机构，它们都是李约瑟需要考察的重要对象。3月1日下午，李约瑟由清华生物实验室主任、著名植物生理学家汤佩松陪同，骑着自行车从滇缅公路起点去郊外大普吉村的研究所考察。滇缅公路是当时运送欧美援助的战略物资的"大动脉"，它从昆明经下关、保山、龙陵、芒市至腕町出国境，达缅甸的腊戍，全长1146千米，线路险峻曲折，为抗战时期西南重要的国际通道。他们沿着铺得很好的碎石公路上骑行，经过一座土地庙和一个村庄，然后转向一条河流边的林间道路，道路两旁的苍翠的松树使李约瑟不禁想起英国通往豪斯隧道的一条路来。

在大普吉村，许多研究所的实验室往往都和科学家的寝室混在一起。房屋是四合院形式，建筑材料是泥砖和灰泥。李约瑟所住的一间有客厅的外室，里面除了床、桌、椅之外，几乎什么都没有，可见战时条件之艰苦。但庆幸的是，因后来受到盟国美国空军的严密保护，那时昆明郊外的空袭较少，这对需要宁静的环境进行科学研究的科学家来说，无疑是十分重要的。

汤佩松的生物实验室自然对生化学家李约瑟产生了不小的吸引力。汤佩松对活细胞的呼吸很有研究，他们的研究课题有培育无籽黄瓜、花生结果的生理等等。李约瑟称赞汤是"中国最有名的生物学家之一"，他在美国和中国都有资源的研究经历，并懂得怎样把一大批热情的年轻科学家团结在自己周围。汤佩松关于海胆及海星卵呼吸作用的研究成果，曾全部被李约瑟引用在他的《化学胚胎学》一书中。

在汤佩松的院子里，除实验室外，还有一个漂亮的公共休息室。室内有一个巨大的开放式火炉。李约瑟那天还和中国科学家一起享用过一顿丰盛的中式晚餐，并同这些科学家的全家一齐围着火炉举行大型的家庭晚会。晚会上欢乐的笑声似乎令人们忘却了当时的战争环境。

这天上午，李约瑟在联大校园的石头讲台上，向该校的2700名男女学生发表了长篇演讲。会议开始时，全体齐唱三民主义歌曲，向孙中山遗像三鞠躬。李约瑟的演讲相当成功，最后还以一页中文作为结束，这更使学生们感到惊奇并大受欢迎。从会场的气氛可以看出，学生们被这位西方学者学贯中西的渊博知识所折服，更为他令人称道的流利的中文所倾倒。不言而喻，李约瑟内心也是很得意的。

李约瑟在逗留昆明的数周内，几乎参观了在那里的所有重要的大学和科研机构。他在考察了这些机构后说，昆明的科学团体分散于离城距离较远处，西南联合大学，也许在中国是最大的教育中心，其校址离城不远。各系都是简陋的平房，四周以泥砖砌成，屋顶用瓦或薄铜片覆之，但有些尚有雕檐，具有中国建筑之传统的作风。内部地面是用土和少许混凝土铺成的，研究和教课用的实验室之装备，在这种环境之下，均用尽心思和智巧。联大无空袭隐蔽所，若有严重的空袭时，居民即疏散于近郊之山上。每一所砖屋之各层中均设置一个大汽油桶，当警报发作时，一切最贵重的器皿均置于其中，除直接中弹外，可望保其安全。联大的师生不仅受到战争因素的巨大干扰，而且还因通货膨胀所致的极端困苦的物质生活所影响，但他们依旧精神振奋，以严谨的态度治学，以弥补物质条件的不足。他们往往在没有煤气的情况下做实验，用自制电炉，电热丝用完即用车床上车出的碎屑代替，把空袭震碎的窗玻璃截下来做成显微镜的载片。盖片则以云南土产的云母来代替。显然，当时科学家们的物质条件是异常艰苦的，但这一切并没有把他们吓倒。

　　李约瑟回城里住在北门街的一个教授招待所，他在那里结识了多位中国科学家，并对他们留下了深刻印象。

　　他后来写信给他夫人说：我现在得到的一个鲜明印象是，当被介绍给一群新的中国科学家时，我可以绝对相信他们的真诚。我在那里看见了几位教授，他们都很爽快，特别是物理学家黄子卿和吴有训。我和他们从此就成为亲密的朋友。李约瑟后来常常说，就科学成就来说，昆明这个地方常常使他回想到剑桥……

戈壁情深

中西文化交流史上赫赫有名的陆上丝绸之路，起始于中国西部的敦煌，这里地处戈壁大漠的边缘，常常是黄沙蔽日，变化无常。尽管如此，城东南鸣沙山东麓的断崖上，却矗立着使中华民族自豪的、神奇壮丽的千佛洞。自19世纪末千佛洞的秘藏被发现以后，她吸引了不少西方"探险家"和汉学家，其中有人居心叵测，不择手段，奥地利人斯坦因便是盗窃敦煌文物的始作俑者。这个文物盗匪在骗取了看管千佛洞的王道士的信任后，以50美元的廉价，在四个助手协助下，对这些稀世之珍进行大肆掳掠，窃走了满满24箱的经卷，5箱绢帛及200多幅绘画，致使祖国的这座文物宝库蒙受巨大的劫难。然而并非所有的西方人都像斯坦因那样贪婪和不择手段，西方人中也有为中国抗战不远万里"雪中送炭"的，也有酷爱中国古代文明的高尚学者，李约瑟便是其中的杰出代表。他曾对一位中国友人说："这个地方，除了剑桥之外，是世界上我最喜爱的地方。"后来他重游故地后又说："整个旅行都是令人兴奋的，不用说我能再次到绿洲，再次看到这些旧时的美丽景致，心里有多么高兴。"

李约瑟是怎样与莫高窟结下这不解之缘的呢？

1943年8月，李约瑟及其合作馆同事赴大西北考察。来中国之前，他就深知大漠中的丝绸之路和敦煌莫高窟在中西文化交流中的非凡意义，更是发掘中国科技史资料的一个宝藏，这神奇而瑰丽之地曾无数次地进入他的梦乡。今天，他终于如愿以偿，像一个金矿发现者似的，怀着兴奋激动的心情向这块宝地进发。似乎是命运的安排，上帝的恩赐，李约瑟的这次敦煌之行，使他不但有幸考察和欣赏举世闻名的莫高窟壁画，而且还结识了后来成为挚友的中国青年画家吴作人，以及当年王道士的继承者叶喇嘛等。这个有着无比法力的诱人的圣地简直难以从他的记忆中抹去。李约瑟一行在离开酒泉前往敦煌的路上，遇到了一位年轻而英俊的中国画家，他就是上面所说的"巴黎来的中国画家"——吴作人。

比李约瑟小8岁的吴作人，原籍安徽泾县，早年就读于上海艺术大学，中央大学艺术系，后赴法国巴黎高等美术学校、比利时皇家美术学院深造。他于1935年回国后，先后在中央大学、北平艺术专科学校等校任教。1943年，吴作人不愿待在城里当大学教授，而从重庆赴大西北写生，以便更多地接触大自然，开拓艺术新路。他计划去敦煌和玉门油田写生，并要为行将在重庆举行的工矿展览会画一幅巨型的油画。李约瑟获知他的这一计划后，深感这项工作的重要，毫无疑问，它也是中英科学文化交流的一部分，认为自己有责任去帮助他。李约瑟觉得这位年轻人"很可爱"，两人似乎相见恨晚。无论是法语抑或汉语，语言的障碍在他们之间不复存在。在去敦煌的旅途上，两人便成了知己，简直无话不谈，西北高原的天空湛蓝湛蓝的，远处白雪皑皑的银色山峰一个紧挨着一个，高原上寒风凛冽，但中英两国学者的友谊及科学与艺术交融的暖流已将他们身上的寒意驱散。

在进入敦煌绿洲的边缘后，李约瑟他们乘坐的雪佛兰卡车不幸滑离公路，陷入流沙，经过一个多小时的努力也无济于事。暮色降临，他们干脆就地点起火来，煮可口的茶喝，开罐头食品，共进晚餐了。全体人员只得睡在没有卸货的卡车钢地板上。半夜时分，朦胧中的人们不断听到有骑队路过的嘈杂声。劳累了多时的人谁也未爬起来看个究竟。及至第二天清早，人们在晨曦中看到周围沙漠上留有多处痕迹，还有哈萨克骑士留下的痕迹。人们庆幸昨夜竟未发生不幸之事，一定是哈萨克骑士看到了汽车前悬挂的中英两国国旗，以为是军队在此过夜，未敢轻举妄动，为了纪念那一夜的困境，吴作人作了一首五律。诗中说："旋沙惊战马，飞铁逐金尘"，相当生动地描写了那夜的情况。天亮以后，依靠几个当地农民的帮助，终于将卡车从沙中抬了出来，在当天上午10时到达敦煌城。

敦煌是一座美丽的城市，李约瑟在他的日记中写道："敦煌是在到中国所见到的最美丽的城，像山丹，但是更繁荣。街道极清洁，牌楼宜人，水果甘美，真正新鲜的名产哈密瓜，其他的瓜果类油桃、梨、樱、柿和一种野林檎，看起来很大的樱桃。"据说敦煌原是族名，敦煌族最早称为吐火罗人。居住在南疆焉耆一带，以后逐渐遍布西域及葱岭以西，西北地区有地随族名的习惯，故那里便称"敦煌"。

在敦煌，李约瑟和秘书黄兴宗及吴作人一同拜访了敦煌县的陈县长，这位态度和蔼的长者，用俄国制造的糖块招待他们，并派来一个带枪的警察来保护他们。闻名世界的莫高窟，分布在一条干涸河床的变质沙砾物的河岸，在3千米的范围内，大约有492个洞窟，其中有300个左右画满了壁画。它们的规模从手提箱那么小到一座教堂那么大。在悬崖上有三座250米的佛像，洞窟的墙上覆盖着巨大的壁画，气势宏伟，其面积却以英亩来计算，壁画的时代从北魏至六朝，包括了唐宋盛世时期的大量内容。在洞窟之外，还有大量的唐代木制楼台。这是研究中国古代建筑史的第一手材料。

在这块中国古代佛教艺术的宝地，李约瑟完全陶醉了，被她迷住了。他们常常很早就起床，从沙漠边缘跨越干涸的河床，在晨曦的映照下尽情地欣赏自然景色，拍照、散步，在用糕点和水果充作早餐后，就去洞窟考察和写生。由于卡车发生故障，使李约瑟一行在敦煌呆了三周时间，借此机会仔细考察各时代具有代表性的壁画。他拍了100多张照片，并在笔记本上画了许多素描，作为日后科技史研究的素材；吴作人则临摹不少古代佛教艺术的代表性壁画，如饥似渴地从祖国文化遗产中汲取艺术养分，为今后创作作借鉴。在那些日子里，他们在汉代城堡前的淡水中洗涤衣服，在茫茫戈壁上宛如骑士般地骑马飞驰，或在千佛洞的悬崖顶部散步休闲、采集蘑菇煮羹汤……

有一次，李约瑟同吴作人从敦煌城出发，骑马去参观神奇的月牙泉，同行的有培黎学校的两名学生。月牙泉古称沙井，位于敦煌县城南7千米鸣沙山北麓。泉因形似月牙而得名，泉水萦回，深不可测，水草丛生，据传产铁背鱼、七星草，但不常见。月牙泉形成的这个内陆湖，是科学难以解释之谜。它尽管几百年来被巨大的流沙包围，但从来没有被无情的沙丘所吞没，这不能不认为是一个奇迹。《敦煌县志》上说的"四面沙龙，一泉澄澈，为飞沙所不到"，即是指此。李约瑟、吴作人等四人的这次旅行是难忘的，他们在大漠上骑马行进的珍贵镜头被拍了下来，后来编入了李约瑟夫妇合著的《中国科学》照片集中；无独有偶，40多年后，吴作人也将这珍贵照片收入《当代美术家》中的个人作品集中，作为他俩深厚友谊的纪念。

最使吴作人难忘的是，一次他在戈壁上患病得到李约瑟的无私的救治的经历。原来那次是吴作人的"香港脚"发生严重感染，不但发高烧而且脚部的淋巴结也因此发炎肿痛，他显然已无法工作，只得躺在床上休息。李约瑟闻讯后，马上亲自为他治疗，给他服了解热药、奎宁和磺胺等多种药物。得到了一般人在沙漠地区不可能享用的治疗条件。第二天，吴作人的病情大为好转，不但退了烧，而且淋巴结也消了肿，人也轻松多了。在茫茫的戈壁，威胁人类生命的有两大因素，除了风沙、野兽等自然因素外，就是疾病了。可以想象，吴作人要不是遇上像李约瑟这样携带各种药物的仁慈的科学家，他的处境是难以预料的。在吴作人生病的那天，李约瑟还同叶喇嘛、艾黎等人同往河床对面著名的王道士墓前焚香祭祀，三个人还默默祈祷，他们对保护和维修千佛洞的这位先贤表示由衷的敬仰，感谢他为子孙后代，也为李约瑟他们留下了无比丰富的文化宝藏。当然，在李约瑟这位虔诚的基督徒心中，也许还有一个心愿，就是请王道士保佑他的这位中国朋友早日康复。

1958年7月，李约瑟重访敦煌，他在《朝拜圣地，再到千佛洞》的诗中深情地写道：

15年前，也是个苦难的时代，

全世界在法西斯的狂疾下痛苦呻吟，

我有机缘首次来到这块宝地。

同来的有我的新西兰朋友，我最亲密的朋友，

两个甘肃的孩子，还有一位巴黎来的中国画家，

他戴着法式便帽、甘冒风沙峪岩来到这里。

我们乘着破旧汽车来这里流放了几个星期——真是千载难逢的好运气。

李约瑟一行离开敦煌返回兰州，12月9日，他在那里度过了43岁生日。生日宴会在兰州的一家饭店举行。秘书黄兴宗特地在那里预订了晚餐。李约瑟在他的生日宴会上高兴地穿了中国古铜色的长袍和黑马褂，并邀请了培黎学校校长张官廉一家以及吴作人、艾黎等一同欢宴。在兰州时，吴作人还为李约瑟画了一幅素描，画中的李约瑟神情

自若，低头凝思，生动逼真地再现了这位英国科学家博大的胸怀和潇洒的动人风采。

这两位异国朋友的敦煌之行都取得了可喜的丰硕成果。李约瑟撰写了多篇关于敦煌壁画和千佛洞的论文与诗歌均发表在英国《自然》杂志上。他从唐代壁画上，发现了反映当时包括中国在内的东亚与西方广泛的文化交流的证明。另一方面，他认为唐代佛教对至关重要的印刷术的发明起了推动作用。李约瑟还将千佛洞与印度著名的印度教洞窟阿旗陀相比较，认为中国的云冈以它丰富的石刻彩塑，可与印度的埃洛拉相比，那么，千佛洞就可以比之于印度的阿旗陀，他无比热情地推崇千佛洞的佛教艺术。1945年12月，吴作人在重庆等地展出了他的艺术成果，在《吴作人画作回顾展》上，展出他近年旅边写生、莫高窟临壁画以及在战火中幸存的习作，艺术界、教育界的不少名人，如徐悲鸿、郭有守、陶行知及郑君里等先后在蜀渝两地报刊上撰文评述，反响热烈。

1947年，由李约瑟推荐，应英国文化委员会之邀，吴作人赴英国做学术访问。1981年9月，李约瑟乘访华之机到吴作人家作客。1982年，吴作人又赴剑桥同他这位患难之交共叙旧情。他俩从敦煌结缘的珍贵友情，像剑河与扬子江那样源远流长、绵绵不断……

虎口余生

  青年时代的李约瑟业余最大的兴趣，除了热衷于宗教生活外，便是跳莫里斯舞了。他酷爱这种英国民间的土风舞，显然是同他乐观豪放的性格紧密相连的，并直到晚年仍乐此不疲。

  早在学生时代，李约瑟就是剑桥"莫里斯人队"的行家里手；并参加过莫里斯舞的全国大赛。据说由于该队比赛时选择的舞曲节奏过快，气势咄咄逼人而痛失摘冠的机会。在节日的英国街头，常常有一群群人跳民间舞蹈，它们多半是莫里斯舞或剑舞，李约瑟见了总是情不自禁地参与进去，一过他的莫里斯瘾。李约瑟不但喜欢跳这种舞，而且还做过普及莫里斯舞的组织工作，在20世纪30年代，他还发起成立了莫里斯钟声协会，意在促进传统的英国民间舞蹈的发展，并将全国各地的莫里斯俱乐部联合起来。对莫里斯舞的浓厚兴趣，还曾促使李约瑟撰写这方面的专题论文，进行理论研究。同爱好搜集铁道和历史书一样，他一生还搜集了这方面的不少书籍。

李约瑟在华的4年时间里，经历过许多难以名状的困难和危险，并富有传奇色彩。他常常同他的秘书和中英科学家去日军未占领的广大地区作考察旅行，实地调查中国科研机构及大学的困难和需要。他们先后作过5次长途考察旅行，出没于崇山峻岭、铁路河津以及戈壁大漠，经历过山路塌方、公路被洪水冲垮、汽车抛锚和差点与日军前锋遭遇的种种危险。有时在北风凛冽的冬季作长途旅行。刺骨的寒风使人冷得无法站立，在这样的情况下，李约瑟不由自主地借助他的这一舞蹈特长，踏着莫里斯舞的节拍，用来抵御寒风的侵袭。想不到李约瑟的这一特别嗜好，有一次在深山竟帮助他虎口脱险，说来真有点玄。

同以往的多次外出考察一样，有一次他们乘着合作馆的两吨半卡车离开重庆行驶在川西的荒山野岭之中。卡车车头插着中英两国国旗，车身写有表明单位的"中英科学合作馆"字样，在复杂的战争时期，这样显然可以避免许多不必要的麻烦和干扰。正当坐在司机旁的李约瑟在考察计划时，忽然，车前方出现一群衣衫褴褛、手持武器的人，李约瑟心想"不妙！"由于在战争时期，一时难以辨明这帮人的真实身份，不知是游击队，还是盗匪。虽然在重庆时中国友人常常告诫他们，四川一带多盗匪，并要他们小心，但从未遭遇过，今日可算是第一遭了，是凶是吉，尚难预料……

持枪者发现了驶来的卡车，立刻就散开将汽车包围，并粗声粗气地在远处吆喝着："停车！快停车！"面对这突如其来的意外情况，李约瑟一面招呼车上的伙伴"镇静"，盘算对付的办法，一面示意司机将车慢慢停下。

卡车在持枪人前停了下来，双方短兵相接，互相警惕地审视着对方。他们在打量着有男有女，有中国人也有洋人的这帮人。李约瑟也在仔细地观察这伙人。他们虽然个个骨瘦如柴，但毫无善意，满脸杀气，显然是多时未得饱餐了，饿得快要发疯的盗匪……上帝保佑！

"不许动！赶快下车！"土匪们充满敌意地不断吆喝。

"你是头吗？"一个像是土匪头的满脸横肉的大胡子提着短枪向车上的李约瑟发问。

"OK！"对汉语不成问题的李约瑟耸肩，摊摊手，回答道。

"命令车上人都下车！把手举起来！"土匪头厉声命令着。

车上的伙伴虽然都很紧张，但尚未惊慌失措，他们对经验丰富、智慧过人的李约瑟绝对信任：他一定有办法！随着土匪们的呵斥，车上人便一个个跳了下来。

李约瑟只得顺从地把手举过头，走在同伴的最前面。此时此刻，以李约瑟为首，这几位中英科学家个个像俘虏似的，十分狼狈。

土匪们看到插有中英两国国旗的卡车，心里也在嘀咕：这帮人显然是官府的，非同一般，车上一定有财宝，说不准还有整箱整箱的黄金，这一回弟兄们岂不可发一笔大财吗？几个动作快的土匪立刻爬上车，提着长枪在车上东拨西捣，希望搜到几箱黄金，不但可到城里饱餐一顿，而且还可发大财。令他们失望的是，车上除了两个装有材料的文件包外，一无所获。因而在车上骂起娘来，个个像泄了气的皮球，沮丧地跳下车来，嘴里还在不停地骂骂咧咧。

面对这帮土匪，李约瑟一面观察他们的表情和行动，一面盘算着如何摆脱眼前的险境。在这杳无人迹的深山野岭，真是上天无路，入地无门，既无法插翅高飞，又讨不到救兵。中国人的三十六计，在这里竟全然失灵。此时此刻，李约瑟竟突发奇想起来，自己不是要求平安求幸福吗，莫里斯舞不是具有奇异的魔力并能给人带来幸福的吗？对！有办法了……。

正在这时，身材高大的李约瑟不露声色地朝大胡子走去，高大的洋人在土匪头面前毕竟有几分威慑力，以至他心慌意乱地后退了几步。此时的李约瑟虽然一言不发，两手仍抱着头，但他在酝酿、准备，等待时机……。突然，李约瑟朝大胡子高声地狂笑一声，双手挥动，冷不防地跳起莫里斯舞来。他那狂热的舞步，奔放的节奏，简直是咄咄逼人，向人挑战；他那豪放的舞姿，犹如火山喷发，山瀑飞泻，一下子打破了山间沉闷凝固的空气，惊醒了他的科学家同伴。大胡子被李约瑟这一突如其来的动作惊得目瞪口呆，以致呆如木鸡，僵在那里直发愣。随即，他那随时准备扣动扳机的意识也顿时消失得无影无踪。看到这大个子洋人的狂热举动，众土匪被惊得面面相觑，不知所措，最后竟哈哈大笑起来，随着李约瑟乱蹦乱跳，乱舞一阵。李约瑟的同伴见此情形，个个都松了口气，并为形势的转机和李约瑟的过人智慧鼓掌喝彩。这敌对的两方，在这不到一个小时的短暂时间里，竟先后经历了从紧张，到狂热，再到疲劳的戏剧性变化，最后终于从疲劳趋向理智，土匪们只得将李约瑟他们放行了事，这一出惊心动魄的话剧终于圆满地闭幕。

几十年来，李约瑟的这段秘闻鲜为人知。有一次，他在剑桥同他的印度好友拉姆博士谈起此事时，还心有余悸，谈虎色变呢！当初他若不是机智沉着，哪还有他今日的千秋伟业？

中国的希望

　　重庆北碚附近的凤凰山，古木参天，风景秀丽，山上有一座明代寺庙——古圣寺，现今成了人们凭吊著名人民教育家陶行知的地方。

　　陶行知在1939年的抗战时期为培养从全国各地流亡到大后方的有特殊才能的难童，在这里创办了闻名遐迩的育才学校，为国家培养了不少优秀的人才。学校开办之初，从各个保育院收留的流亡难童中，择优录取了具有一定特殊才能的100多名少年儿童，分别编入音乐、戏剧、绘画、文学、自然科学及社会科学等6个专业组学习。学校聘请了当时云集重庆大后方的著名专家学者任教，因而学生的成绩十分优异，并使外国友人为之惊讶。

育才学校虽然自开办后一直得到重庆的周恩来、董必武、宋庆龄等人的关心和支援，但在1941年皖南事变后，由于政治环境恶化，反动派实行经济封锁，加之通货膨胀，经济困难日趋严重，有时甚至到了断炊的地步。李约瑟在重庆开展中英科学合作工作以来，由于向中国各科研机构及学校分配从英国运来的图书、仪器等物品，结识了育才学校的陶校长。他不但多次解决学校的经费困难，而且还为学校的戏剧组向国外代购化妆用品，解决了师生们的燃眉之急。作为教育家的陶行知，一贯对李约瑟中学时代的老师、昂德尔公学的桑德森校长十分钦佩，甚至达到十分崇拜的程度。可能是"名师出高徒"的原因，他对桑德森的这位高足也十分器重，感情颇深。李约瑟对陶行知这位著名教育家、民主斗士的事迹早有所闻，并且十分仰慕。他认为，这些进步力量是中国的希望所在，自己有义务支援他们，李夫人李大斐也常去学校考察交流，他们很快成了好朋友。

　　李约瑟及其同事肩负的中英科学合作工作是异常困难的，在当时战争条件下，最大的困难便是运输问题，通常情况下，援华物资往往从印度海路运往中国，但在紧急之时，只能从印度运往缅甸，再用车队沿滇缅公路运至昆明。后来滇缅公路被日军切断，只得从印度经"驼峰"空运或从苏联陆路运输来华，可谓备尝艰辛。除了运输问题，再就是对待中国各党派间政治力量的态度问题，这也是一个棘手的难题。李约瑟在这方面出色地施展了他自幼造就的一手"搭桥"本领，无论是对国民党，或是共产党，他对赠送英国运来的援助物资都一视同仁，不偏不倚。他对延安的自然科学院、白求恩医学院及鲁迅艺术学院，照样按同等的文教机构给予援助。一旦遇到国民党方面的横加禁阻时，他就托宋庆龄、《新华日报》等私人或机构转送。李约瑟认为越是困难，越应该扶持协助。正由于他的这种公正的无私立场，因而一直受到国共两党的尊敬。

早年受到马克思主义思想影响的李约瑟，在重庆工作期间，对中共的态度也非常友好，并十分向往延安解放区。当时正值国共第二次合作时期，中共在重庆设立了由周恩来主持的八路军办事处，因此李约瑟对周恩来夫妇、林祖涵等人十分熟悉，并同他们建立了友谊。据邓颖超回忆，李约瑟在重庆同他们时有来往，她和周恩来还曾去他住处吃过一次饭，并对鲁桂珍留有深刻的印象。

李约瑟虽然主要活动于国民党统治的广大地区，但他也十分想了解延安解放区的科研及教育情况，以便进行援助，并向全世界介绍这盏指引中华民族抗战的指路明灯。一个意外的机会终于来了。以往，陕甘宁边区被不少新闻媒介描绘成为一个愚昧落后、没有民主自由、没有文化、到处种植鸦片、盗贼四起的野蛮区域。八路军是一群"乌合之众"，国民党还封锁记者前去采访和介绍那里的真实情况。1944年6月，中外记者联合写信向蒋介石申请前往采访，国民政府为了应付国际舆论，又迫于曾给国内承诺实施民主宪政而不得不加以批准。李约瑟的朋友、美国《纽约时报》记者爱泼斯坦是这次采访活动的积极倡议者，并以直言而著称。这意外的好消息使李约瑟非常高兴，他就委托这位老友顺道搜集有关陕甘宁边区科研与教育的资料，作为提供援助及对外宣传的参考。记者团在延安受到周恩来的亲切接见。爱泼斯坦还代表宋庆龄主持的"保卫中国同盟"带给解放区一部分援助。爱泼斯坦在延安三个月，访问了毛泽东、周恩来、朱德、贺龙等中共著名领导人，并为《纽约时报》撰写了《中国未完成的革命》等关于延安及晋西北之行的见闻等多篇文章。在延安期间，他还访问了那里的延安大学、延安医学院和八路军制药厂。他撰写的《陕甘宁边区的科研与教育》一文，用英文发表在《美国援华会会刊》，李约瑟后来将此文收入他同李大斐合编的援华工作报告集《科学前哨》中。他还把爱泼斯坦在延安所摄的四幅珍贵的照片编入《中国科学》的图片集中。他在书里写道："……人们看见陕甘宁边区北部的学生在露天课堂学习几何，学习胚胎学，学习植物学，学习机械工程。当然，这里同自由中国的其他地方有着不同的政治情况，边区整个的教育体系现在都受延安大学的影响。它在简陋的条件下发展起来，学习的课程必须是短期的，普及性的。继而，与普遍存在的文盲作斗争，现在已经取得了很大的进步，总体学术水平提高也很大。尽管几乎每一种必需的设备都缺乏，但科学技术方面的训练都非常认真。"

李约瑟还曾为失掉一次访问延安的机会深感遗憾。1944年8月，根据美国副总统华莱士与蒋介石达成的协议，驻华美军总司令将组织美国军事观察组访问陕北，其使命是了解日伪军的军事部署与兵力，以及八路军的装备与战斗力等情况。他们自称是"迪克西使团"，认为战时延安与当年美国南北战争期间反叛的各州——"迪克西"有些类似。观察组组长戴维·D·仓瑞德上校曾邀请李约瑟同机前往考察，但由于他当时中英科学合作事务繁重，无法分身，结果错失良机。他后来不无后悔地说："当时我真该去的，然而却失掉了大好的机会。"

李约瑟不但通过自己肩负的中英科学合作事业来援助战时中国，而且还尽力参加其他国际组织来帮助中国的经济复兴。由李约瑟的朋友、新西兰杰出的社会活动家路易·艾黎以及美国著名记者埃德加·斯诺等中外人士发起的"中国工业合作运动"（即"工合"运动）是抗战时期在国统区和抗日根据地同时开展的、生产自救的救亡运动。在当时，"工合"不仅是国内抗日民族统一战线的产物，而且更是国际反法西斯统一战线的缩影。李约瑟后来还是1939年成立的工合国际委员会的新委员之一。他在中国的4年时间里，亲眼看到了"工合"在战争中的团结精神以及对抗战事业的重要贡献。

他曾说："在'工合'中，我们看到这种大家庭的团结精神转移到工人自动组合的集团中去。我以偶然的机会熟悉了他们的工作。当时中国的沿海地区已落于日本人之手，几百万人民实行'大迁移'转移到西南各省。全国各地漂泊流浪的技术工匠汇集在一起，立即建立了工农生产合作工业——造纸、制鞋、冶炼、铸造等等。在很多城市里都有，特别是在陕西的宝鸡。看到他们的工作情况，你不能不感到大家庭的团结精神在起着作用。他们紧密团结，通力合作，在极端艰难困苦的条件下——在抗战后期甚至还受到国民党的阻挠——积极推进他们的工作。"

1943年，在他考察大西北结束返回兰州时，还对西北"工合"负责人表示，回去后将向英国政府和英国"工合"促进会介绍甘肃的情况，要求给予更多的支援，对"工合"事业充满了信心。

为了中英科学合作事业，为了支援中国的进步力量，对于国民党方面的阻挠、猜疑，李约瑟都毫无畏惧，毫不顾忌。因中英科学合作馆需增加高级科学人员，李约瑟邀请来自晋察冀边区根据地的班威廉教授夫妇来馆工作。有趣的是，起初，重庆政府对来自解放区的班威廉夫妇戒心颇重，唯恐他们负有别的使命，当他们辗转乘车到达重庆后，便受到国民党特工人员的监视，怀疑他们随身带来的几件行李中夹有"定时炸弹"。经过短期考察，官方终于徒劳一场，只得批准他们在重庆居住，李约瑟对此也不以为然。

尤其令人感动的是，李约瑟教授营救"保盟"上海分会的发起人吴大琨一事。吴在抗战爆发后，因代表上海人民去慰劳新四军，被国民党逮捕送入集中营，受尽折磨。当时尚未来华的李约瑟因中英文化交流事宜，已与国民政府教育部高层人士有书信往来。当他得到"保盟"方面要求协助释放吴大琨的请求后，便与国民政府有关方面疏通，结果在江西上饶集中营里蒙受三年半苦难的吴大琨终于被释放。据说，宋庆龄同李约瑟第一次在重庆的会面，也是吴大琨安排的。1944年，李约瑟还同迁往广东曲江的在暨南大学任教的吴大琨，在那里的书店和茶馆内讨论社会学理论问题。1954年，《中国科学技术史》第一卷出版，李约瑟还请吴大琨审阅该书中的中国历史部分，他们之间的友谊可谓源远流长。

李约瑟这位基督教社会主义者的这些思想和行动，在他周围的人看来，无疑是"左倾"的、"危险"的。这与当时英国政府所奉行的对华政策也是格格不入的，这也是他后来从中国离职的一个重要原因。但历史事实却证实了李约瑟如下一个结论："国民党之所以崩溃，主要归咎于他们的银行家、买办、商人集团所做的种种罪恶的勾当"，国民党的领袖的"他们自己却大量搜括财富"。毫无疑问，当时中国的希望在延安，在中国共产党身上。

"著名的气象学家"

　　1961年10月19日，英国伦敦天文馆贵宾满座，喜气洋洋，英国皇家学会和皇家天文学会今晚在这里联合举行欢迎会，欢迎以中国科学院副院长竺可桢为首的科学院代表团访英。欢迎会上，李约瑟作了《古代中国的天文学》的演讲，在演讲即将结束之前，他动情地以中文发表了一段深爱中国文化、充满情谊的结束语，表达他对中国科学家及其老友竺可桢的深厚感情，博得了中国客人的热烈掌声。访问期间，竺可桢又一次同李约瑟愉快地会面，畅谈往事，共叙友情。那么，李约瑟是如何认识竺可桢并同他结下长达数十年的浓厚友谊的呢？

　　李约瑟自己曾解释过，"我第一次认识竺博士是在贵州，当时浙江大学疏散到贵州。在那里，我开始熟悉他在天文学史方面所作的很有价值的工作。"

1944年4月初，李约瑟第二次前往中国东南部考察。当时，中国东南部的形势是十分严峻的，由于这一年日寇对长沙、桂林和柳州的猛烈进攻，此时的东南部实际上已和陪都重庆隔断，李约瑟就是在东南部孤立无援的情况下，不避艰险地去那里考察的。4月10日，李约瑟一行到达遵义，竺可桢亲自接待，并陪同他们参观工学院实验室等处。这是他们的第一次历史性的会面，竺可桢在当天的日记中记道："李约瑟年四十二，为剑桥大学之生物化学教授，会说俄、波、法、德国语，对中文亦能写会说。对于中国科学之贡献尤感兴趣。曾在美国斯坦福、加州、耶鲁各大学为教授……其夫人亦为生物学家，已到中国。已定明日去贵阳转闽浙，回途将在遵湄停一星期云云。"次日，竺可桢及其同事到遵义社会服务处为其送行。李约瑟一行在考察了福建省内疏散的学校与科研机构后，又以中国科学社名誉社员的身份来湄潭参加该社成立30周年的纪念活动，并再次参观和考察浙大的科研与教学情况。

10月22日，竺可桢亲自从遵义陪同李约瑟到湄潭，住在湄潭卫生院。在浙大的一周时间里，李约瑟作了科学与近代科学为何未在中国发生等精彩演讲，深受全校师生的欢迎。在中国科学院的年会上，李约瑟还发表了热情洋溢的讲话。由于浙大"可看之论文甚多"，本应离湄返渝的李约瑟决定再延长两天，继续参观数学系、物理系及农业系，并与生物系教授共同讨论生物化学等问题。又在大城殿参加生物物理化学讨论会。李约瑟的两次参观，使他对浙大留下了难以磨灭的印象。他为浙大的教授和学生们，在这样偏僻的山村，在这样困难的条件下，却有如此众多的有水平的学术论文，大为赞叹。在给全体师生的演讲中，称赞浙大是"东方的剑桥"，钦佩之情，溢于言表。不但如此，李约瑟还在英国的《自然》周刊上发表文章，向全世界介绍这所在遵义的"中国最好的大学之一"的浙江大学，毫无疑问，李约瑟对浙大的赞扬，同时也是对竺可桢校长治校有方的褒奖。他们之间的友谊篇章从此揭开，无论是在巴黎的联合国教科文组织的重要会议上，还是在剑桥大学李约瑟宽敞的办公室；无论是在北京调查美国细菌战事实的紧张的日子里，还是在佛罗伦萨的国际科学史大会上，我们都可看到这两位异国科学家及朋友的身影。他们或是切磋交流，或是访问演说，语言及国界的隔阂在他们之间消失得无影无踪。1946年2月下旬，李约瑟即将离任回国，前夕，他们在国民外交协会，中央研究院及中英科学合作馆相互宴请，互表惜别之情……

尤其使李约瑟难忘的是竺可桢送给他的一套几乎完整的《古今图书集成》。抗战胜利以后，战时迁至贵州的浙江大学返回杭州的西子湖畔。竺可桢对离任回国的李约瑟十分怀念，更关心着他那撰写《中国科学技术史》的庞大计划，一个西方学者要从事这样的一个前无古人、如此巨大的课题，史料的困难是不言而喻的，于是他指示学校图书馆，要他们寻找中国古代哲学及科学技术方面的古籍复本，准备赠送给已经回国研究和编写《中国科学技术史》的李约瑟博士，经过几天的奋战，成绩可观，他们终于从汗牛充栋的藏书中检出了包括古代大型类书《古今图书集成》在内的一千多部科技及哲学古籍复本。面对这些即将越洋辅佐这位英国友人进行宏大的科技史研究计划的珍贵资料，竺可桢的内心感到十分欣慰。李约瑟对竺可桢的这一友好举动既惊讶又使他终生难忘。

在《中国科学技术史》第一卷出版时，他在序言中对竺可桢的这一慷慨援助深表谢意。他说："我们最慷慨的赞助人是著名的气象学家、长期担任浙江大学校长（现任中国科学院副院长）的竺可桢博士。在我将离开中国的时候，他劝说许多朋友四处寻找各种版本，因此在我回到剑桥后不久，整箱整箱的书就运到了，其中包括一部《古今图书集成》。"

1959年，在中国学者的关怀和帮助下，李约瑟的《中国科学技术史》第三卷终于出版，在世界上引起极大的震动。这一卷的内容主要论述中国古代天文学、气象学、地理学和地质学。在该书出版之际，李约瑟自然不会忘记中国科学家在各个学科的资料和研究方面对自己慷慨的巨大的帮助，便怀着无限的敬意将这一卷献给竺可桢和"现代的土宿真君"李四光。显而易见，李约瑟对竺可桢是十分感激和敬仰的，但使常人难以理解的是，他对于这位好友在学术上的疏忽并不因此而回避或掩饰。1952年，一位外国天文学家的星表上的错误使不少中外科学家都误认为仙后座的射电源就是公元369年的新星。李约瑟在《中国科学技术史》第三卷的天文学部分指出："1954年，中国气象学界前辈竺可桢著文阐明研究中国科学史的作用，曾经引证这一鉴定，造成以讹传讹。"这种追求真理的科学精神确实令人肃然起敬。

　　在以后的10多年时间里，他们又数次会面，两人的友谊也随着时间的推移而日益加深，即使在政治风云变幻的非常年代，他们无法见面，但大洋两岸的这两颗心是息息相通的。竺可桢对这位远在剑桥的故友同样十分怀念，他在1970年的日记中这样写道："……李约瑟已五六年没通信了"，字里行间流露了深切的思念之情。1965年底，李约瑟还写信给他，向他索要化学史专家张子高的《中国化学史稿》，及钱宝琮的《中国数学史》。次年初，李约瑟还热情来函提出要把钱宝琮、王据释、夏纬瑛、张子高及石声汉等8名著名的中国科技史专家推荐为国际科学史研究院的院士，席泽宗、严敦杰、袁翰青三人为通讯会员，对这位如此热爱中国，如此热情友好的老朋友怎能不令人怀念呢！

在中国大陆黄钟毁弃，瓦釜雷鸣的1972年，李约瑟与鲁桂珍来中国作了一次不甚愉快的旅行。

就在李约瑟这次访华的第二年，一件意外的不幸突然向他袭来。这年的2月7日，他一直深深怀念中的好朋友、84岁的竺可桢在北京病逝。当他在剑桥获悉这突如其来的噩耗时，简直不敢相信这位生命力如此旺盛的气象学家会猝然离开他所热爱的工作岗位。30年前他们在湄潭第一次会见的情景如在眼前，令李约瑟毕生难忘，而竺可桢慷慨赠送的《古今图书集成》一直珍藏在东亚科学史图书馆，真是见物思人啊！在这极其悲痛的日子里，李约瑟不由自主地坐在灯前，为这位故去的老友、"最慷慨的赞助人"撰写感情真挚的悼文，在英国《自然》杂志上发表，他称赞竺可桢"具有远见卓识，同情他人，和蔼可亲……许多在中国工作过的西方科学家都对他的诚挚的帮助，深表感谢！"字字句句表达了赞许与怀念之情。

"中国科技史上的坐标"

北宋润州（今江苏镇江）的东郊有一处风景秀丽、景色宜人的地方。这里原是杂草丛生、断壁残垣之地，经主人精心设计布局，一扫往昔荒芜颓废的陈迹。但见园内的岭峦上，乔木参天，翠竹成林，郁郁葱葱，令人心旷神怡，耳目清新；峦下流经园的小溪，碧绿澄澈，叮咚悦耳，缓缓流向一方花圃。小溪两岸高耸的树木，交织成荫，与溪水组成了一幅自然和谐、神奇梦幻的图景，故主人名其曰："梦溪园"。这园子的主人就是北宋杰出的科学家、政治家——沈括。沈括在梦溪园的书房里摆满了各种书籍和文物。在这里，他用自己晚年的精力写下了一部蜚声中外的科学巨著——《梦溪笔谈》。

沈括所著《梦溪笔谈》内容广泛，涉及政治、军事、文学、历史、艺术、自然科学及工程技术等领域，比较真实地反映了当时科学技术的最新成就，是研究中国科技史的重要参考材料。

当李约瑟从巴黎回到剑桥开始写作《中国科学技术史》时，看到沈括这些珍贵的记录后，抑制不住内心激动，竟然兴奋不已。他说："我永远也不会忘记当我在这部中文著作中第一次读到这几句话时，所感受到的欣喜若狂的激动。"他在对东西方的磁罗盘作了比较研究后指出，沈括在《梦溪笔谈》中对磁罗盘作了清楚详细的描绘，这是各种语言文字中最早的记载，且比西方早一个多世纪。不但如此，他还清楚地陈述了磁偏角现象，书中说："方家以磁石磨针，锋则能指南。然常做偏东，不全南也。"沈括还特别推荐将磁针悬挂在新缲的真丝上的方法，这要比浮在水面上及放在指甲或碗口上平稳。李约瑟还根据公元1世纪时王充《论衡》的有关记载，论述了中国磁罗盘和指南针的历史，认为磁罗盘和汉代的占卜术有一种微妙的关系。大家知道，指南针是中国古代的四大发明之一。它的发明为西方殖民者在海上探险开拓殖民地创造了重要的条件，正如马克思所说："指南针打开了世界市场并建立了殖民地……变成科学复兴的手段，变成对精神发展创造必要前提的最强大的杠杆。"

由于《梦溪笔谈》所具有的重要的科学史价值，不能不使李约瑟对它刮目相看，深入研究。他在《中国科学技术史》中不但多次详细介绍它的贡献和成就，而且对沈括其书其人予以高度评价。李约瑟称《梦溪笔谈》是中国古代笔记文献中的代表作，沈括可算是中国整部科学史中最卓越的人物了。不论是在他的无数次的旅行中，还是在他公务极为繁忙时，他从不忘记录下所有科学和技术上的心得。除活字印刷外，《梦溪笔谈》还包括许多天文学、数学以及化石方面的记载，制作立体地图和制图方面的注意事项及其他事情，冶金方法的描述，以及占很大篇幅的生物学现象。科学内容占全书篇幅一半以上。虽然它不是一部正式的数学论著，几乎包括当时已知的各个科学领域的记录，但其中许多是具有代数与几何意义的。特别值得提起的是，沈括作为一个在重要工程与勘察工作中负有责任的高级官员，曾促进了平面几何学的发展。李约瑟还将《梦溪笔谈》的内容作了学科分类统计，并称它是"中国科学史上的坐标。"

1956年早春，上海出版了一部《梦溪笔谈校正》，在国际上引起很大的反响。欧洲的不少报刊纷纷发表评论，巴黎的《科学史评论》的一篇书评指出："这两卷本的校正，对于这部世界上最古老、最重要的科学史著作来说，无疑是最丰富的文献。"《梦溪笔谈》的冲击波还影响到台湾省，当时胡适在看到徽籍同乡的这部颇具功力的著作后对人说："胡道静最近校正沈括的《梦溪笔谈》，是一部很够标准的书。"

该书的作者胡道静是一位对中国农业史研究有很深造诣的科学史专家，又是一位知识渊博的饱学之士。他自幼因喜好摆弄铅活字，便引发他对印刷术产生浓厚的兴趣，后来在大学读书时读到美国学者卡特所写的《中国印刷术的发明及其西传》一书，得知这一重要技术是我们祖先对人类文明所作出的一项伟大成就，并由此知道在宋代的一部《梦溪笔谈》的古籍中记有此事。从此，胡道静就迷上了《梦溪笔谈》，以至爱不释手，一发而不可收。半个世纪以来，他在年高体弱的条件下，先后整理出版了《梦溪笔谈校正》、《新校正梦溪笔谈》等著作。

显而易见，胡道静的这部书自然也引起了正在编写《中国科学技术史》的李约瑟的注意。1958年，他们开始通信，并开拓了他们长达数十年的友谊。1964年，这两位著名学者在上海首次见面。有文章详细地描述了他们这次会面的情况，说李约瑟夫妇非常惊讶胡道静是这么年轻。据他们猜测，校正《梦溪笔谈》的，定然是一位中国的长者，至少不像他现在所见到的一个农夫模样的中国人，否则顾颉刚先生怎么会称胡道静的"校正"为"有似斐松之注《三国志》呢？事实也确实如此，要知道，在日本是由17位各学科专家组成的翻译小组，费时15年，才把《梦溪笔谈》全部译成日文。……然而，当李约瑟与胡道静一接触到中国的科学技术史，一谈到沈括，一翻阅《梦溪笔谈校正》，就显得那么熟悉。顿时，拘谨即刻为睿智分析的辨识所折服，瞬间被令人信服的引证所占有，他们的会面一直持续到夜深……

  1978年，中华大地在经历了一场浩劫之后，乌云驱散，春天降临。这年5月，这两位"沈括的知己"又在上海会了面。在锦江宾馆的会客厅里，两人相互倾诉，交流切磋。李约瑟谈起了自己的工作和《中国科学技术史》的进展情况，并询问胡道静，中国有些什么新出版的科技史书籍。胡告诉他，上海古籍出版社出版了他的《梦溪笔谈选注》。李约瑟立即记录在随身携带的笔记本上，并说"今天下午两点半钟科学院同志陪我出去买书，我要买这本书。"接着他问起胡道静的研究工作，胡回答说在写《梦溪笔谈补证》和研究《椤沈内翰良方》，并不无伤感地说："使人失望的是，我多年苦心经营的《梦溪笔谈补证》，连同即将完稿的《中国古农书总录》等书稿足有

200万字，如今片纸不存，只字不留，就连竺可桢先生亲笔题写的书签也不见踪影了，……"说毕，胡道静便请他为《梦溪笔谈补证》题写一个封面。李约瑟欣然同意，并说"这是我一生中认为荣幸的事情之一"，答应将于回英后写好寄来。李约瑟的这番热心和诚意，使胡道静十分感动。

李约瑟和胡道静对沈括都有独到深刻的见解。李约瑟称许沈括的《梦溪笔谈》是"中国科技史上的坐标"。胡道静则认为沈括是我们历史上，同时也是世界历史上稀有的一位通才。……他有好些正确的科学论断，已在西方学者数百年之前便明确地提出。不可掩抑的光芒表明了我们勤劳智慧的祖先在知识范畴内曾作出多么巨大的成就，而沈括便是其中最优秀的创造者之一。这一中一西的两位"沈括的知己"可谓是"慧眼识书"、"慧眼识人"。他们从这部价值连城的古籍里，发掘到了闪闪发光的科技史宝藏，汲取到中华民族先人的科学睿智和创造才能，感受到他们对世界文明所作出的巨大贡献，并成为联结这两位异国学者情同手足的友谊的纽带。

船尾舵的最早发明

公元1405年（明永乐三年）7月，苏州刘家港的长江边上，波涛滚滚，江风浩荡，62艘高大的"宝船"在江面上一字排开，这是三保太监郑和率领船队七下西洋的首次远航。他们将通过我国的南海诸岛，经过东南亚诸地，抵达印度西岸……。郑和后来在一篇纪念远航的碑记中以豪迈的口吻写道："看啊！海洋，那滚滚的波涛连接到天际，汹涌的巨浪山崩似的压来……我们的船帆高张，吸饱了风，映在蓝天，犹如朵朵的白云；我们的船队昼夜飞驰，乘长风破万里浪，就像行走在平坦宽阔的大道上！"

中国古代的航海事业十分发达，一直处于世界航海史的领先地位。我们的先人早在欧洲人之前就绕过非洲南端的好望角。澳大利亚最早的发现者也是中国人，他们是在达尔文港登陆的。近年来的研究还表明，中国人早在哥伦布之前竟已经发现了南美"新大陆"。上述三保太监下西洋的事迹更是家喻户晓。

一部世界航海史告诉我们，远洋航行的基本条件除了船和指南针外，控制航向的船尾舵是其中的一个关键。那么，这个船尾舵是何人在何时发明的呢？

早在20世纪50年代初，李约瑟为了解开这个谜，四处奔波，从国内外的不少博物馆、图书馆搜集这方面的资料，并和他的助手王铃一同去英国格林尼治海洋博物馆考察古海船，以验证船尾舵的最早发明问题。后来，他和王铃根据图像实物，煞费苦心地提出一个论点，认为船尾舵一定是中国的三国时期（公元3世纪）或更早时期的一项发明。这个大胆的假设后来居然被历史事实所证实，这不能不说是李约瑟对世界航海史的一大贡献，并为聪明智慧的中华民族争了光。李约瑟是怎样证实这项重大发明的呢？

1958年，李约瑟夫妇和鲁桂珍前来中国访问，在这年的考古旅行中，他们走遍了大江南北，参观各地的文化遗迹和考古新发现，为撰写《中国科学技术史》搜集了许多新鲜资料。在广州的博物馆，他和鲁桂珍看到了一个从东汉古墓中出土的、用来陪葬用的陶船冥器上，有一个小小的舵楼，明白无误地显示了当时船尾舵的存在。李约瑟见此高兴得竟大声喊起来："就是它！就是它！"兴奋之情，溢于言表。陶船模型约长60厘米，而转动滑轮的绳子早已腐烂，但仍可以清楚地看到悬吊轴舵。这次陶船在中国的发现，对李约瑟来说真可谓"山重水复疑无路，柳暗花明又一村"。李约瑟费尽脑汁提出的论点今天终于被史实所证明，不言而喻，他的心情是何等的激动。生性容易激动的李约瑟此时此刻仍努力克制住自己的情绪，认真地在随身携带的笔记本上精心绘制陶船船舵的形态、尺寸及舵楼内悬吊舵被固定的方式。李约瑟的两幅来之不易的素描后来被收入他写的《中国科学技术史》的航海工艺卷中。

李约瑟对古代中国船尾舵的发明一直给予很高的评价，并经常在演讲及著述中提到它，这不仅仅是他第一个发现中国古代的这次发明，而更重要的是中华民族对世界航海史的杰出贡献。

六年后的1964年7月，在一个风和日丽的日子，李约瑟夫妇及鲁桂珍又来到北京中国历史博物馆参观。博物馆展出的琳琅满目的中国历代史料及科技成果，令李约瑟他们犹如在山阴道上，目不暇接。在参观过程中他依然保持着自己一贯的治学作风，一面兴趣盎然地观看，一面在笔记本上认真抄录他所需要的古代科技史料。当他看到广东出土的那个陶船冥器的图片时，犹如故友相逢，倍感亲切，兴奋之情不亚于当年。李约瑟动情地向陪同的中国朋友介绍说："这个船说明中国是世界上第一个用舵的，但是中国人很谦虚，不怎么说，在我的书，我就这样写。"他的讲话赢得了中国朋友的一片掌声。李约瑟还对博物馆的陈列赞不绝口，认为展品的安排十分得体，非常难得，对展览十分满意。

科学研究从来就是一项极其严肃的事业，一个科学结论的确立，不能仅仅依靠一个证据（即孤证），而往往需要多项确凿的根据来加以证明。作为一个作风严谨的科学家，李约瑟并未因自己的结论被广东出土的陶船证实而满足，恰恰相反，他继续在利用一切机会寻找更多的证据来验证自己的观点，从而使自己的科学论点建立在坚实的可靠基础之上。1986年，李约瑟在日本平户松浦史料博物馆考查中国唐船图一事即是很好的证明。

这年11月，李约瑟和鲁桂珍在作了最后一次访华后，赴日本参加国际内科学会议，又去日本最早保存英国商馆史料之地——平户访问。访问那里的松甫史料博物馆是李约瑟的多年夙愿，他是从澳大利亚的一位朋友的来信中获知该馆藏有珍贵的中国唐船彩图的。这来自远方的诱人的信息早已令"坠入中华文明爱河"的李约瑟苦思良久，他的这一夙愿将要实现，李约瑟的心情是何等的兴奋和激动。

访问松浦史料博物馆的那天，时值隆冬，天气寒冷，朔风呼啸，吹得人们浑身发抖，虽已86岁高龄但身体尚健的李约瑟头戴无沿呢帽，手拄拐杖，同身体瘦弱的鲁桂珍来到博物馆门口。他们在日本友人的引导下，向博物馆工作人员作了自我介绍，互相寒暄后，便请其向馆长转达他们前来观摩馆藏的中国唐船图的要求。不一会儿，面带惊讶神色的馆长从走廊尽头走来，他忙不迭地将自己的眼镜取下又戴上，戴上后再取下，对这三位不速之客不解地看了又看，心中十分狐疑：这藏品远在剑桥的李约瑟怎么会知道，难道他是顺风耳千里眼不成？陪同的日本友人向馆长解释了数年前李博士从一位澳大利亚的朋友来信中获此信息的原因，这才解开了萦绕在馆长心头的疑窦。

他爽快地说："有的！有的！刚刚送回本馆，现在在展出之中。"说完便吩咐下属将船图送往馆长室。听到这话，李约瑟的心顿时紧缩起来，紧张地等待着这一刻的到来。一会儿，一大卷精美的画卷送来了，如在梦境的李约瑟竟将手上的拐杖失落在地板上，只听得"乓"的一声，连馆长也被惊了一下，对船图梦寐以求的他，实在太激动了……

　　这12幅附有船具图的唐船图，是17世纪时长崎画工为松浦33代藩主精心绘制的，故至今仍保持着当年鲜艳的色彩。每幅船图上都标有缩小的比例尺，实使李约瑟吃惊不小。他手拿放大镜，几乎是贴在画面上细看。鲁桂珍在他旁边一面念着船图的说明文字，一面在船图上检查。李约瑟再次复查记录。尤其引起他注意的是船的大小、桅杆的数量及高度，以及至关重要的船尾舵的位置。李约瑟完全被这套精美绝伦的唐船图所深深吸引，此时此刻，馆长室的时间已经停止，空间早已凝固，他的心神似乎早与这艘中国唐船一起在浩瀚无边的大海中乘风遨游……

　　平户的唐船图再次验证了李约瑟提出的中国最早发明船尾舵的正确结论。李约瑟不但自己亲自实地到平户去考察这项重要的史料，而且还亲切鼓励日本船史研究者写文章介绍这套唐船图，以让全世界更多的人了解中国古代的这项伟大的发明。结论是明确而有力的，中国是发明船尾舵最早的国家。船尾舵后来传到西方后，欧洲才发生了诸如哥伦布美洲之航的壮举。在此之前，他们不得不用桨来划船。与此相应的、中国发明的"窗孔舵"与"平衡舵"也先后传入欧洲，使英国海军在全世界占据优势地位，这不能不归功于中国人发明的功劳。

"十宿道人"

　　李约瑟对中国土生土长的道教的钟爱是尽人皆知的。1943年，他刚踏上中国的土地之际，便兴致勃勃地与中国友人游历各地的道观和寺庙，并先后为自己取了三个道号。在50年代后的历次访华中，李约瑟依然兴趣未减，诸如陕西楼观台、四川青城山、北京白云观等地都留下过他访道的串串足迹……

　　1964年7月初夏的一天，北京广安门外的著名道观——白云观来了三位远客，他们信步走进山门，边走边欣赏观内迷人的景色。只见庭院内古树苍郁、绿荫蔽阶，面对庄严的殿堂、合抱的高耸的古树，其中一位不断发出欣赏的赞语："美丽啊，幽静啊，非常肃穆啊！"有时却驻步细看碑文，向其夫人详解碑文内容。他就是对道家这些古代化学成就异常崇拜的李约瑟博士。

白云观原名天长观，创建于唐代开元二十七年（739），至金代改名为太极宫，元太祖成吉思汗十九年（1224）安置长春真人邱处机于此，故改称长春宫，直至明代洪武二十七年（1394）改称今名。这座由几进四合院组成的现存寺观是在清代时重建的，规模宏伟，十分壮观。李约瑟这次是第4次来这里参观了，并将首次会见中国道教协会会长、著名道教学家陈樱宁居士。陈居士原名志祥、元善、字子修，曾道号圆顿子，按道教全真龙门派系谱为第19代居士，祖籍安徽怀宁。他对《庄子》十分酷爱，30年代曾在上海创办仙学院及仙学刊物，毕生致力于道教及养生学研究，是位德高望重的道教前辈。

李约瑟一行受到了陈樱宁会长和黎遇航副会长的热烈欢迎，并在东客厅会见他们。在李约瑟这次来华前，中国道协已经翻译了《中国科学技术史》第二卷中关于道家与道教的部分，陈居士曾亲自校订了译稿，因此对李约瑟在道教方面的见解与成就相当了解。交谈是从道教历史和道教前途等问题开始的。

陈居士问："您对道教的前途看法如何？"

李约瑟答道："《道德经》中的道是不会取消的，但是各种宗教要随时代而改变的，欧洲的教堂，东方的和尚道士的庙宇和道观还是会保存下来的。"

这时，鲁桂珍插话说："有建筑，就有人。"

陈居士说："人渐渐地少了，不如新中国成立前多了。"

李约瑟接着话头说："是的，但是，道家的学说还是可以流传下去的，而形式不会流传下去了。"

陈居士说："学说，现在也很难说，但是将来科学不能解决的问题，人们就求之于道教了。"

李约瑟解释说："我讲的不是科学，而只是道家的'谦让'，'无为'等关于人的学说，而这种学说是可以流传下去的。"在旁的一位青年插了一句；"我们中国，信教是自由的，只要有一个人信这个教，这个教就存在。"

陈居士满怀希望地说："道教的义理与学术，寄托在道功道术之中，只要道功道术仍然流传，道教的传统精神便存在。"

由于陈居士谈到道功道术，引起李约瑟的极大兴趣，他兴致勃勃地从中国古代科技谈到道家的《淮南子》，讲到了淮南王刘安的历史及《淮南子》所记载的史料。并说，西汉时中国就已有做豆腐、炼秋石的记载。同时，还谈到了"点海"的化学作用。

在参观殿堂时，陈居士向李约瑟等人讲解了三清阁中三清圣像的象征意义，进而谈到道教的自然观。在参观丘祖殿时，他还讲了关于长春真人的故事。在道教文物陈列室，李约瑟更是兴趣盎然，仔细参观了讲到的道教文物，并以古色古香的汉篆字体题了词。在参观图书馆时，宾主又讨论起道教的百科全书——《道藏》，就明代《正统道藏》的分类问题进行热烈讨论。

早在20世纪40年代，李约瑟对中国的道教就十分钟爱，并具有特别的鉴赏力。他认为，道教是非常赞同科学的。在中国文化技术中，哪里萌发了科学，哪里就会寻觅到道家的足迹。无论你在哪里发现金丹术或古代汉学，你就能在哪里发现道家，他们总是在那里——在丹房里进行着世界上最早的实验。当1944年他在成都听一位中国著名哲学家演讲时说，道教是世界上迄今所知道的唯一不极度反对科学的自然神秘主义。当时坐在来宾席上的李约瑟听后却不以为然。

1943年3月，李约瑟援华刚从印度抵达昆明时，他和中国学者常常在早晨去附近寺庙散步，拾级而登具有美丽屋顶的道观，当他首次瞻仰了道教的道观后，似乎被它所产生的神奇的力量所吸引。在那些日子里，他还和中国科学家一起去西山旅行，参拜寺观。昆明西南部的西山，耸立着太华山等群峰，那里山峦起伏，层林叠翠，颇多名胜古迹。李约瑟与其中国友人游览了华亭寺、太华寺和西山罗汉崖上的道观三清阁，并观赏了其他的迷人景象。李约瑟后来说："首先看到的是两座佛寺，第三个是道观，我们对后者更感兴趣，因为我们深知古代道家思想对科学的兴趣。这座道观叫做三清阁，是一座劈岩而成的优美观祠，建立在一个几乎是绝壁的半山上。当我问到所谓三清者究竟指何人时，同伴中都无人知晓此事。"此时的李约瑟已开始接触并探究道教的历史了。李约瑟还访问过昆明近郊象山脚下黑龙潭的北平研究院的战时实验室，实验室建于附近的一个道观里。重重神殿，妙相庄严，观内花木扶疏，优美异常，大殿上一幅"万物之母"的横匾，发人深省。该年秋冬时节，他还参观了甘肃以老子道观命名的石油城——老君庙，这是中国最早的石油基地。这里沿着丝绸之路的南山油田上，石油竟渗出了地面。地上出油是大自然的奇迹，老子是世界上最懂自然的人，因此人民立庙来祭祀他。道教与唯科学的自然主义的密切联系，给初来乍到中国的李约瑟极其深刻的印象。

1945年8月，李约瑟还和他的中英科学合作馆的同事深入终南山的楼观台访道，与70高龄的摹佛道人谈论《道德经》，登炼丹楼。那次旅行，他们还到过秦岭深处庙台子的张良庙。那是一个三教合一的道观，供奉的主要是功成身退的张良。道士们不炼丹，却能用山中的矿石和树枝练出灰口铁，以此制成的铁锅，行销远近，这也可谓是道教的一项贡献。更令李约瑟终生难忘的是，他第一次见到道教经典的百科全书——《道藏》时的情景。那是在陕西宝鸡，李约瑟乘坐铁路工人的手摇车沿着陇海线去武真寺考察内迁的河南大学。学校疏散在一座很精美的道观里，在一个下午，李约瑟和李相杰教授一起考察了该校的图书馆。在古老的神像脚下，成捆成捆的图书中，李相杰向这位剑桥大学的生化学家介绍说，在《道藏》中包含有4世纪以来的大量炼丹术著作，它们饶有兴味，而且是其他国家的化学史家所完全不知道的。李相杰的这番十分诱人的谈话，使李约瑟一直记忆犹新。

今天，他能在北京白云观同中国最著名的道教学家讨论那里珍藏的明代《正统道藏》，心潮起伏难平，并无限感慨。20多年之后，当年的点点滴滴，已经汇成洪流；当年的计划与设想，已变成了一卷卷的《中国科学技术史》。这部巨著封面的四位道教天神天将的图案，正是这位"十宿道人"的这个根本信念的执拗表示：中国古代科学上的创造与发明，几乎无不与道家的哲学思想和道士的修炼实验有密切的关系。

考察大足石窟

在欧洲人写的书籍中，第一个企图乘坐火箭飞行的人是16世纪初的中国人，他叫万户。为了进行乘坐火箭上天的实验，他把自己绑在一个特别的架子前部，架子后部则是47支当时最大的"起花"（火箭），他自己手持大风筝，想借火箭的力量飞上天空。当他让人点燃所有"起花"，只听一声巨响，浓烟过后，万户连同他的飞行器不知去向。这是一个伟大而悲壮的试验。无独有偶，在美国华盛顿航天博物馆，首先介绍的正是我们中国人第一个用火药制成炸药，从而开通了人类乘坐现代火箭长天遨游的坦途。李约瑟指出，这一发明是中国人的一个创举，尽管欧洲人迟迟不肯承认。他站在世界科技的高度，以一位历史学家的深邃眼光审视说："所有近代火箭学史家和火器史家都明白，在欧洲首次出现金属管状臼炮以前，人类已知最早的化学炸药已在中国经历了6个世纪的发展，可是没有一位历史学家（当然，除了用汉文写作的历史学家以外）为了全世界的利益，把古书中所含这些珍贵的事实写出来。"李约瑟对火药的兴趣由来已久，早在援华的重庆时期，就已十分关心中国古籍中的火药史料，并请中国学者协助他搜集。在20世纪80年代的大部分时间里，他一直沉浸在这篇"火药和火器的史诗"中，并乐此不疲，以致将《中国科学技术史》的火药卷越写越长。

在长达数十年的研究生涯中，李约瑟时刻关注着科技史领域内的每一项新发现、新成果。叶山博士是美国哈佛大学东亚语言文化系教授，专攻中国古代军事史的专家。他从有关资料中发现中国四川大足石窟存在古代火器的线索，后来写了一则通讯被报道出来。这对时刻关心着每一个新发现的李约瑟产生了巨大的诱惑力，驱使他要去大足实地考察一番，看个究竟。

闻名世界的四川大足佛寺的石刻位于重庆西北250千米的大足县，这里气候温和，物产丰富，风景迷人，交通方便。大足石刻是大足县内10余处摩崖造像的总称，其中以北山和宝顶山的规模最宏大。内容十分精彩，堪与云岗、龙门石窟相媲美。历史上大足石刻是从何而来的呢？相传唐代有一苦行僧抑本善在川西求缘，并不惜残己疗人，他的事迹流传后世。到了宋代，有位大足的本地人叫赵凤智，想发扬本善的舍己为人的精神，就选择宝顶山建了一个规模庞大的道场。有趣的是，大足石刻群的发现者和鉴定者恰恰不是别人，而是与李约瑟撰写《中国科学技术史》有瓜葛的中国学者杨家骆。大足石刻包容了唐、五代及两宋时期石崖艺术各种风格的演变，是华夏大地上的一处珍贵的文化艺术宝库。当然，它也为长于从考古实物和文化遗存中研究中国科技史的李约瑟所重视。

　　1986年11月，李约瑟渴望考察大足石刻的愿望终于实现了。这一年，他和鲁桂珍应中国科学院的邀请，来中国作了最后一次访问旅行。这两位八旬老人，由北京的好友、科技史专家潘吉星作全程陪同，先去当年李约瑟主持的中英科学合作馆的所在地重庆访问，走街串巷地寻觅合作馆在嘉陵江畔的旧址；然后再驱车去大足，200多千米的路程对两位八旬老人来说自然并不轻松，但他们精神矍铄，一路上同潘吉星等谈笑风生，毫无倦意。他们似乎意识到一个令人振奋的重大发现即将出现，旅途的辛劳算不得什么。

　　北山到了！两位老人在山脚下向山上眺望，只见树木葱绿，洞窟成片，蓝天白云，令人神往。李约瑟和鲁桂珍登上了他们向往久已的北山石窟，心旷神怡，欣喜万分。众所周知，佛寺的各个洞窟修建于各个不同的年代，这对历史学家考证名物的时代至关重要。由于叶山将反映臼炮石刻的洞窟编号记错，以致让两位老人打着电筒在洞窟里找了好一会。功夫不负有心人，激动人心的一刻终于来到了，刻有古代最早火炮的石刻终于在第149号窟找到，石窟的修建年代是公元1128年的宋代。此时的李约瑟完全忘却了旅途的劳顿，十分兴奋激动，他得意忘形的样子，不由得使人们想起当年他在日本松浦史料馆见到唐船图时失落拐杖的情景。

在伸手不见五指的洞窟里，李约瑟、鲁桂珍和潘吉星凭借着手电筒的照明，十分困难地考察着。只见第149号窟的石刻人像中，前排左首一个年幼者正手抱一个有嘴的瓶状物，瓶嘴正朝着左前方喷着火焰。"不错，这正是早期的臼炮！"李约瑟高兴地指着石刻对鲁桂珍、潘吉星说。他们又仔细辨认，反复研究，并环顾附近的石刻。蓦地，鲁桂珍在这幅石刻的对面墙上，还发现并排中有一人像，他怀抱一座臼炮，这更使他们兴奋不已。他们三人立即忙碌起来，潘吉星为他们解释铭文和翻译，李约瑟同鲁桂珍则又是拍照，又是抄录铭文，李约瑟还在笔记本上画了臼炮石刻的素描，作为今后进一步研究的珍贵资料。最后，他们对第149号洞窟的石刻作了细致的鉴定：这组浮雕确是再现了臼炮早期的真正形象。据此可以证明，中国人早在公元1128年已经发明和使用黑色火药的臼炮。

李约瑟在此前不久的一篇论述火器的论文中说："臼炮或射石炮在欧洲首先出现在1327年。这类早期武器是瓶状的，带有圆腹和瓶嘴，瓶嘴向外张开像喇叭。我们找到正好是这种臼炮的中国画，因此很可能它起源于中国并为西方所仿制。中国铜制或铁制臼炮以及火炮的考古发掘物比任何欧洲样品都更早。"治学一贯严谨的李约瑟，在他的研究中不但以文字材料为依据，而且还将墓石上或庙宇里的各种画像图片、图书插图作为重要的史料依据。将文字与实物结合起来进行科学研究是李约瑟治学的一个特点，也是一大优点。通过大足石刻的实地考察，李约瑟找到了确凿的证据，把他原先推测的臼炮的发明年代，从1250提早到1128年。同时他还认定，中国古代臼炮之所以发展缓慢，可能与当时缺少足够的硝酸钾制成高纯度硝酸盐的火药配方有关。

对于大足第149号洞窟石刻上的年幼者所抱之物，不少中国学者认为是中国佛教石刻中通常所表现的"风神"，其手中所抱者为"风袋"，而非臼炮。谁是谁非，还有待进一步研究，但李约瑟的这种亲临实地考察的精神依然值得我们学习。

在考察访问了大足、薪春之后，李约瑟的访华活动已基本结束。11月26日，当时的胡耀邦总书记在上海虹桥宾馆接见了李、鲁两博士。他们的老朋友、中国科学院上海分院院长曹天钦以及陪同他们全程访问的潘吉星参加了会见。

胡耀邦在会见厅门口迎接李、鲁一行，并互相亲切握手致意。

在合影留念后，胡耀邦便问李约瑟："你几次来中国啦？"

李约瑟答道："很多次了，最早是42年，那时是英国驻华使馆科技参赞。这次我们还去了四川大足和武汉、薪春。"

"那是李时珍的家乡呢！"

"在蕲春有个李时珍纪念馆。"

"中国最近发现了好多古迹，在辽宁发现了一个，你知道吗？"

"知道。"

"考古的发现与你的工作有关系吧？"

"有关系，法医方面就有关系，从两千年的古尸中，可以验证是疾病死的还是被毒死的。"

"西安秦始皇兵马俑又挖了一部分。"

"有一点是确信的，现在挖的是在南面，另外三面也应该有。"

"你的估计很合乎科学眼光。"

"确实四周都应该有，两年前我就讲过一个故事：当时有个巫师对秦始皇说：你在墓中说一句话，这些兵马俑就会活过来去攻击敌人。所以当时兵马俑造的与真人、真马一样大小。"

"关于中国你比我还清楚。400年前，中国在科学技术方面是世界上领先的国家之一。400年后就落后了。"

"我们是这样看的，现代科学是17世纪从西方发展起来的，在这之前，中国的科学技术是发达的。如果在9世纪中国人去西方，就会发现西方是落后的。"

"我们希望从我们这一代人起，再有三代人当学生，大约100年吧！第四代人，我们的重孙子可以跻身于世界科学技术的先进行列。"

"是的，我认为您讲的对。但是中国有些方面已经是处于世界科学的前沿了……"

"我希望你能在你著作的结尾处，讲我们400年以来科技落后，还有三代人要当学生，希望第四代人能恢复我们的过去的光彩。"

"我会同意这个建议的，利用这机会赠送给你一本书。"李约瑟说完，向胡耀邦赠送潘吉星主编的《李约瑟文集》。

胡耀邦边致谢边翻书说："我看过阁下的第一卷。这本书好！我一定要看看。因为是中文的，我只能看这个，外国字我一个不识。签名为什么是'十宿道人'？应该是'百岁道人'。"

胡耀邦接着对李约瑟的治学态度大加赞扬："阁下的知识非常渊博，治学态度也非常严谨，这次还亲自去四川大足考察。我们中国古代有个文人叫苏轼。为搞清石钟山之所以发出钟声般的响声，实地去考察，搞清楚它的物理原因，写了著名的《石钟山记》。"

熟谙中国文史的李约瑟点了点头说："我知道这件事。苏轼为送儿子去江西德兴县任县尉，从湖北黄冈取道江西湖口。他们从黄冈乘舟沿长江东下，到达鄱阳湖北岸的湖口，为探究石钟山得名的由来，苏轼在月夜乘小船到绝壁下探险，最后终于揭开奥秘：石钟山之所以能不断发出洪亮的钟声，是因为波浪澎湃，撞击山下众多石洞石缝而发出声响。"

胡耀邦接着说："说得对！做学问就要有这种求实的

精神。在中国有些青年学者，做学问的态度不严肃，不亲自做考察，这一点应向李约瑟博士学习。86岁高龄还爬上大足石窟，联系这点写篇文章讲治学态度，就能起到教育的作用。"

陪坐的潘吉星当即表示："一周之内写出来向您汇报。"

胡耀邦又说："写出来登在《人民日报》上教育我们的青年，好好学习李博士的治学态度。"

"您太过奖了……"李约瑟听了总书记的一番夸奖话后，有些不自在了。

剑桥圣地

  1986年11月，一座融东亚与西方建筑风格于一体的优美的两层楼房在剑桥大学罗宾逊学院的校区内落成，不少剑桥人慕名前去观赏，一时闻名遐迩。新楼风格独特，雕梁画栋，既有飞檐凌空，又用红瓦铺顶，是名副其实的中西合璧式的建筑。它就是著名的李约瑟研究所的所在地，李约瑟称它为"中国庙"。

  这座风格新颖的大楼是法国建筑师克里斯托夫·暮利雷特设计的，当然，其中也融合了李约瑟本人的思想。走进研究所的大门，只见铁栅门上安有一块标着"李约瑟研究所"的英文铭牌，左边还有一方硕大的"为中国科学技术史用"的朱红篆字图记。沿着碎石铺就的小道，走进庭院，一股清香飘逸而来，园内绿草如茵，花木葱茏，正是做学问的理想之地。新楼正门右侧立着李约瑟的青铜胸像，刻画了他沉思的神态。门口八卦窗里还站有孔子小像，表明了主人对中国传统文化的追求与向往之心。新楼的后面还有个回廊，大红廊柱，中式栏杆，大有古色古香之味。回廊环抱着一个中国式的小园林，栽种着特地从中国运来的花木。长廊外还有潺潺的小溪环绕，溪上横跨着一座像中国安济桥般的弓形拱桥，体现了主人对李春这一人类文明史上最早的杰作的偏爱。李约瑟深情地望着他那日夜梦想的研究所新楼，抚摸着周围的一草一木，他两眼湿润了，多年的愿望虽然得以实现，但自己已垂垂老矣……

一般人或许并不清楚新楼主人为此所耗费的大半生心血。个中的甜酸苦辣，只有李约瑟知道……

说来话长，早在1959年李约瑟的《中国科学技术史》出版了两卷时，他就开始为自己的大量书籍筹划收藏之地，以便让世界各地的中国科技史学者利用或协助他著述，同时又能够免交遗产税。后来，他用父亲留下的一幢楼房收藏他数十年来潜心搜集来的科技史古籍。10年之后，李约瑟毅然将这批数量庞大的图书和那幢楼房移赠给一个官方批准的教育慈善团体——东亚科学史图书馆信托会，并正式签署移交合约。后来，李约瑟的藏书越来越多，他捐献的那幢楼房只能作藏书之用，而学者工作的场所却没有了。当时任剑桥大学冈维尔—基兹药学院院长的李约瑟尚有充裕的院长宿舍，因此所谓的"东亚科学史图书馆"就设在他的办公室内。1976年，李约瑟院长职任满，他决心辞职，专心写作《中国科学技术史》。与此同时，图书馆信托会正式建馆，并任命李约瑟为义务主任，鲁桂珍为义务第二主任。剑桥大学出版社理事会先替信托会在出版社附近租了一座预制房屋，供东亚科学史图书馆使用，至1978年，又买了一座比较宽敞的楼房租给信托会。

这座位于剑桥辽阔的校区布洛克兰林荫道16号的砖楼是一座三层建筑，砖楼的外表看来很平常，外墙已剥蚀风化，似有饱经风霜之感。砖楼门前置有"剑桥东亚科学史图书馆"字样的铭牌，以及"为中国科学技术史用"的篆字图记。从那时起，人们都习惯称其作"李约瑟研究所"。俗话说，山不在高，有仙则名，水不在深，有龙则灵。这里条件虽差，但环境幽雅，风景迷人，最宜读书、写作、做学问。走进砖楼，是一个狭小的门厅，在一张大桌上堆满了各国友人赠送的字画、礼物，楼梯盘旋而上，护栏上悬下一幅大红寿幛，引人注目，那是1980年鲁桂珍为李约瑟80寿辰亲手制作的。李约瑟的办公室在楼下的一个大房间，只见三张办公桌上放满了文件资料。楼上则是他的秘书及合作者的办公场所。

东亚科学史图书馆最有价值的就是这里珍藏着的成千上万册各种文字的图书报刊馆。据1976年统计，该馆收藏的中文和日文书籍就达6千种。内容最为精彩的是，馆里还藏有世界各国学者亲笔签名赠送给李约瑟的关于中国科学文化的论文抽印本近二万本，这是在其他图书馆很难见到的特殊收藏品。图书馆每周星期一至五上午9时半到下午6时开放，它每年接待了数以百计的各国来访者。为了使馆内工作的人节省时间，提高效率，还在一楼和二楼各设一个厨房，需要时可在这里准备简易的午餐或煮咖啡、茶等饮料。图书馆内充满了中国文化气息，每个工作室和楼道都挂着中国书画，有郭沫若写的行草条幅，王星拱的小篆，齐白石、徐悲鸿及吴作人的国画真迹。它们多数是赠给李约瑟的纪念品。

剑桥这座奇特的专业图书馆已成为国际中国科技史学者的朝圣之地。大家都普遍认为：凡研究中国科技史者来到剑桥，未面识李约瑟那将是一件遗憾终生的事。因此，来这里访问、查阅文献的各国研究者和合作者络绎不绝。

1976年，有人建议与剑桥大学所成立的罗宾逊学院建立关系，计划在学院内建造一座永久性的馆址，信托会的基金会为此还拟写了关于这项计划的说明。1978年1月，一幅约合半英庙的土地已正式转让，并绘制了这座包括一个主楼及两个侧翼，有回廊相通，造型简朴的建筑的蓝图，全部建筑费用约为100万英镑，但只募得40万英镑，其中25万英镑来自克劳齐基金会、美国国家科学基金会、日本学术振兴会及新加坡基金会等。多年来，为建造图书馆新楼及出版《中国科学技术史》，李约瑟多方奔走参观，并建立了三个基金信托会，一个在英国，一个在美国，一个在香港。1983年李约瑟研究所在剑桥正式成立。作为今后撰写这部巨著和研究东亚科学史的机构，由李约瑟任义务所长，鲁桂珍任义务副所长。东亚科学史图书馆作为研究所的附属机构，由图书馆主任负责管理。李约瑟研究所将继续接待来自世界各地的学者，并为他们的研究提供帮助，赞助包括佛教寺庙、科学技术、孔子哲学及中国航海史等等选题。

1986年6月，作为东亚科学史图书馆的永久性馆址——李约瑟研究所新楼建筑完工。从此，它将成为李约瑟这一事业历程上重大转折点而载入史册。多年来，这座功勋不凡的图书馆受到了各国学者的一致称赞。他们赞扬说，它是李约瑟最值得大书特书的成就。这座图书馆为后人提供了坚定的超越前人的基础。

李约瑟自己也对这座"珍宝"寄予厚望，他说："在未来的世代里，对所有国家有志于比较科学史的学者们开放其宝藏，从而促进公正而平等的世界了解，正如我们今天所已体验的一样。"

这不禁使我们想起了李约瑟40年代在中国时作的一首小诗：

愿做铺路小石，

默默无闻，让人践踏，

将人类引向光明，引向幸福……

李约瑟真是这样的铺路石。他是这样说的，也是这样做的。

最高的奖赏

　　1990年9月的一天，秋高气爽，风和日丽，伦敦机场上停着一架引人注目的日航波音飞机，这是一架飞来英国负有特别使命的客机。不一会儿，只见几个年轻人推着李约瑟和鲁桂珍乘坐的两辆轮椅向飞机走来，这两位满头银发的老人不住地挥动着手中的花束向前来送行的剑桥同事道别。原来日本福冈亚洲文化奖委员会于该年7月中旬，向以毕生精力研究中国及东亚科学技术历史、发展亚洲文化事业作出重要贡献的李约瑟授予"福冈亚洲文化奖特别奖"，同时获奖的还有中国著名作家巴金及日本著名导演黑泽明等四位知名文化人士。下肢罹患风湿性关节炎多年的李约瑟，考虑到自己年迈，不便远行，因此不准备亲赴日本参加授奖仪式，但好客的东道主盛情难却，执意要请李约瑟前往福冈领奖并疗养，特派专机来英国迎接，对此盛意，他也不得不顺从了。

波音飞机在做好了起飞准备后，便开始发动，机场上人们的告别声被淹没在震耳欲聋的马达声中，瞬间工夫，飞机像离弦之箭，直插蓝天白云之间，向遥远的扶桑之国飞去……

晚年的李约瑟，几年前虽然遭受丧妻的不幸，又因年事已高，生命到了黄昏时刻，但他的辉煌事业进展顺利，如日中天；他不但编写了一大套《中国科学技术史》，而且还开辟了一个新学科、新领域，这种殊荣并非人人都能获得。

在李约瑟长达半个多世纪的中国科技史研究生涯中，曾得到过诸多中国科学家和学者的启发和指导，这是他事业获得成功的一个很重要的原因，其中鲁桂珍更是最热心的推动者和最真诚的合作者。早在上世纪40年代，他在赠给鲁桂珍的一首诗中称她为"解说者"、"对照者"、"确保关联，无可分离"，并说她是《中国科学技术史》一书的"荷尔蒙和激励者"。鲁桂珍不仅引起他对中国科技史的浓厚兴趣，并且不断鼓励他、支持他，从纽约到重庆，从南京到巴黎，再从巴黎到剑桥，一直追随他，数十年来一直陪伴着他，成为他的支柱和拐棍，使他在垂暮之年仍能全力从事自己的未竟事业。有人这样来形容鲁桂珍这一特殊功劳，说她对中国科技史的最大贡献就是引出了一个李约瑟。假如她没有在1937年去英国，恐怕在科学史界不会有一个李约瑟，而仅在生物化学界中有一个Joseph Needham（约瑟·尼达姆）。

1989年金秋，由友人的竭力撮合，失去了爱妻李大斐的李约瑟终于与鲁桂珍结为伉俪。数十年的风风雨雨，朝朝暮暮，使他们之间纯洁的友情一下便升华到人类情感的最高境界。9月15日上午，这对有情人在基兹药学院的小礼堂隆重而简朴地举行了婚礼。李约瑟在婚礼上向来宾们深情地表露了他对中国文化的钟爱，他说："再没有比娶中国人为妻，更能说明我对中国文化的爱恋了。""我的座右铭是'就是追了也比不做强！'"

晚年的李约瑟，在他生活与事业上，不同凡响地向世人展示了一页传奇式的新篇章，而在他90华诞的1990年，国际学术界似乎掀起了一股不大不小的"庆贺热"。

作为对李约瑟祝寿活动的第六届国际中国科学史讨论会特地安排在李约瑟研究所和剑桥大学的罗宾逊学院举行，8月2日，来自英国、美国、法国、德国、日本、韩国、中国等国家和地区的160名代表参加了会议。90高龄的李约瑟亲自与会并在会上发表了开幕演说。他简要地回顾了自己早年的经历和中国科技史的研究工作，并相信《中国科学技术史》这一巨著"必然胜利完成"。在会上，20世纪40年代在陕西双石铺"工会"认识艾黎和李约瑟的赵擎寰教授，向李约瑟赠送了在汉中得到的汉代铜印特制的"汉印百寿图"，使他十分高兴。

9月5日，李约瑟的北京同事发起召开中国科学技术史国际学术讨论会为他提前祝寿。9月8日，在北京政协礼堂举行了《中国科学技术史》的3册中文全译本的首发仪式，这是中国科学界和出版界献给李约瑟90寿辰的一项厚礼。鲁桂珍为全译本撰写了一篇短文，她深刻地叙述了李约瑟一生中最独特的所谓"架桥"的本领，及其涉猎科学、宗教、历史、哲学和艺术创造这些人类认识宇宙的经验，而成为一个博古通今，学贯中西的大师。同时，她还精选了一张李约瑟"姿势古怪"的照片作为新译本的插图，"显示了《中国科学技术史》这套巨著主编明察秋毫的神态。"

12月8日下午，剑桥瑞雪纷飞，一片银白世界。李约瑟的同事在他的生日前夕为他举行祝寿活动。李约瑟研究所古色古香的"中国庙"内，笑声朗朗，春意盎然，来自世界各地的90多位专家学者为这位中国科技史的奠基人祝寿。李约瑟坐在轮椅上，由其夫人鲁桂珍陪同在大门口迎接来宾。他还不时启动电动轮椅，在大厅中来回和大家亲切交谈，向客人们介绍数万册中国书籍。与此同时，他的上海朋友也为他举行了"弘扬中华优秀科学文化暨庆贺李约瑟博士90寿辰学术讨论会。"李约瑟在重庆时相识的苏渊雷教授，还书写了条幅，并送往剑桥。

让我们再回过头来说，李约瑟近三个月的日本之行。该年9月3日，第一届福冈亚洲文化奖特别奖授奖仪式在福冈太阳宫举行，17个国家的驻日大使及其夫人应邀出席。文化奖委员会在"授奖理由"中指出："……李约瑟博士所取得的在中华文明方面得到公认的成就，不仅在研究中国科学史上发挥了作用，而且对于全面改变世界知识分子对待非欧文明的态度起了巨大的作用。李约瑟博士确实有资格接受'福冈亚洲文化奖特别奖'。"人们还在贺词中向上帝祈祷李约瑟健康，这样他就能和鲁桂珍一起继续并完成他的巨著。

在授奖仪式上，文化奖委员会分别授予5位获奖者以特别奖证书及500万日元奖金。中日两国音乐家还演奏了中国二胡名曲《空山鸟语》和交响诗《虹的传说》。授奖时，坐着轮椅的李约瑟与其他4位受奖者登上舞台领奖，并接受日本少女献花。此时，全场气氛热烈，掌声雷动，李约瑟深为日本人民的友情所感动。在次日获奖者纪念讲演会上，李约瑟作了长篇演讲。他在讲话中回顾了自己的大半生经历及其从事《中国科学技术史》著述的情况，并对他一生中给过他帮助和影响过的所有人，特别是他中学时代的桑德森校长，深情地表达了自己由衷的谢意。

在日本的近三个月时间，除了参加福冈奖的授奖活动外，他还同鲁桂珍到一些地方参观、疗养，在他的垂暮之年，和鲁桂珍共度这段令人难忘的美好时光，也可谓是他晚年生活中的一大盛事。

世纪巨人

众所周知，大自然的规律是无法抗拒的，作为著名科学家和信奉道家哲学的李约瑟同样也不能例外。"任其自然"是这位世纪老人的座右铭。

25年前，有记者对他作了这样的描述："……他厚重而轻快的步伐，明晰而敏锐的眼光，对知识的沛然热情，明快的声音，灵活的动作，饱满的神情，处处都显示出他有壮健的生命力。"而当20世纪的时光所剩无几，李约瑟年逾九旬之时，这位世纪同龄人晚年的境况如何？他的《中国科学技术史》巨著写得怎样？他在"结论"卷中提出了什么新观点呢？显然，这些都是人们所极为关心的问题。

年逾九旬的李约瑟虽然常被帕金森氏症和下肢风湿性

关节炎所困扰，但尚无致命性疾病，而且头脑清晰，思维敏捷。他可以叫出后院花园里每一种中国植物的名称，有时还不得不给国外一些学者特别是中国学者在回信上签名或口授序文。在他90华诞祝寿之际。中国学者给李约瑟带去一套精美的瓷器，其中一尊是象征"福"的大肚皮弥勒佛。

鲁桂珍在一旁边称赞边考他问："这尊菩萨形象很好，叫什么名字来着？"

李约瑟不愧是"中国通"，他脱口而道："Maitreya（弥勒佛）！"

在场的人都异口同声地称赞他思维清晰敏捷，并由衷地祝愿他健康长寿。

当有台湾省记者请他透露他的长寿之道时，他说就是经常保持活动力。并说"当然我也为此付出相当代价，看看我的腿……还有，我以前有很漂亮的手书，现在才写过的稿子，过两个钟头连自己都认不出了。"

人们常说，年岁是不饶人的。李约瑟这位世纪同龄人，在他94岁时，身体状况开始转差，而且每况愈下，当时他的一眼已经不能视物，另一眼的视力也很差，后来又从床上摔下受伤。虽然他已不能在客人面前灵活应对，像个超凡入定的老僧，但他的思维依然清晰如前，可见他的生命力之旺盛。

在李约瑟最后的那几年，他同以往一样，除休息日外每天都要去办公室，要么坐在办公桌前工作，要么观看关于科学和自然的电视纪录片。后来即使无法看书写字，他也要象征性地坚持去研究所，因为他是研究所的奠基人啊！每到周末，他家中总是高朋满座，他用英国茶点款待来客。李约瑟历来是一个开朗乐观的人，即使在他晚年也是如此。李约瑟对改革开放中的中国也十分关心，尤其是中国经济和科技的飞速发展。李约瑟通过他半个世纪来对中国以及中国人民的了解，确信中国能够再度崛起。一个拥有如此伟大文化的国家，一个拥有如此伟大人民的国家，必然要对世界文明再将作出伟大的贡献。

　　在李约瑟的晚年，对他最沉重的打击，莫过于他的两位夫人的先后去世。1987年12月22日的圣诞节前，与他相敬如宾，共同生活达63年的夫人李大斐离他而去，这使他万分悲痛。但福无双至，祸不单行，仅仅距此四年，他的第二位夫人鲁桂珍又撒手西去。这位长期的亲密的助手、《中国科学技术史》的激励者毕竟陪伴他走过了半个多世纪的风雨旅程。他和她仅仅度过了两年非常幸福的婚后生活，她突然的死，怎不揪他孤独而苍老的心？1991年1月10日下午2时30分，剑桥大学鲁宾逊学院的牧师将鲁桂珍的一部分骨灰安葬在李约瑟研究所的一棵菩提树下，和李约瑟的前妻李大斐相陪在一起。她的另一部分骨灰将送回中国南京她的故乡，以便让她同她在迈桥基督教公墓的父母长眠在一起。当晚，剑桥瑞雪纷飞，一派银装素裹。次日清晨，李约瑟研究所花园的草坪一片银白，何丙郁当时对李约瑟安慰说："如果桂珍在九泉有知，她当会快慰。"李约瑟静静地点了点头。

3月的第三个星期，李约瑟研究所为鲁桂珍举行了追悼会。李约瑟同鲁桂珍半个多世纪的友谊和合作是世人皆知的，当时，李约瑟虽然年迈体弱，但依旧到会。这是李约瑟最后一次的公开露面，此后，他的健康情况急转直下。

剑桥的同事永远记得他最后一次莅临他的研究所时的情景。李约瑟要乘电梯到二楼图书馆去看书，这是他近年来无先例之事。人们深知他对这些朝夕相处的"朋友"的深厚感情，其中每一本都有一个令人难忘的故事，这些富有传奇色彩的故事便汇合成李约瑟的大半生。在图书馆里，他用手指向书架，嘴里嘟哝说着别人听不懂的话，陪同的人不知道他想要的是什么，顺手拿了一本书给他，他接过书来，看一看，翻一翻，同时又要翻看其他一些书，后来人们才了解到他的心意，是为了想再看看他的图书馆。

李约瑟对先他离去的两位爱妻十分思念，即使在他的暮年，对她们依然一往情深。鲁桂珍追思会后，他还为她编辑出版了一本纪念小册子，书中刊载了鲁桂珍在各个时期的照片，并亲自为她撰写小传。书中还收有中国古代作家潘岳的千古名作《悼亡诗》，用以寄托李约瑟对亡妻的哀思。在他最后的那些日子里，李约瑟还让他的管家推着轮椅到研究所院中的一棵菩提树下，看看埋藏着两位亡妻骨灰的泥土。

管家问他："您百年后是否要在中间留下的空位和她们长陪？"

李约瑟点点头回答："Yes！"

1995年3月23日，李约瑟好像要开始一项新的研究工作一样，要他的管家替他整理书案。他平时的书桌看起来乱糟糟的，通常要在一本书或一篇论文完成以后再作整理，以便开始新一轮的工作。这次整理是他要向书案告别了。至第二天清晨，李约瑟已无法进食，但他还牵挂着他的研究所，管家劝他在家多休息一天。到了下午，他的健康发生了恶化，呼吸与心跳均不正常。管家赶忙请来大夫诊治，并询问后将他送医院治疗，大夫说，不如让他留在家舒服地度过他最后的数小时。傍晚时分，基兹学院院士麦法松博士闻讯前来陪他，他握住李约瑟的手对他说："假如您听到我讲的话，请您用手紧握我的手一次。"他应了应。麦法松博士又说："您的回答是yes，就紧握我的手一次，是no，就握两次，现在我要请问您感到任何疼痛吗？"麦法松感觉到两次轻微的握手。

墙上的时钟指在20时55分，这位本世纪的巨人很安详地合上了双眼，走完了他95年漫长的人生旅程……

李约瑟逝世的消息立刻传遍五洲四海，他的第二故乡——中国最先得到信息，一直关心着他健康的中国友人对此噩耗深感震惊，纷纷向剑桥发去唁电唁函表示哀悼。英国及其他国家的报纸杂志先后发表悼念图片，悼念这位为沟通东西方两大文明而辛劳了大半生的世纪伟人。中国驻英使馆的有关人员及新华社记者最早前往李约瑟研究所吊唁这位中国人民的老朋友、中国科学院外籍院士。他们在周围摆满了中国书画和用具的李约瑟遗体旁默默致哀，并向陪伴着他的鲁桂珍遗像默哀。3月31日下午，在这位科学家任过10年院长的冈维尔—基兹学院教堂举行了他的简朴的葬礼。

6月10日下午，李约瑟博士的追思会在剑桥大学圣玛丽大教堂隆重举行。来自中国、日本及剑桥的近400名学者参加了这一纪念活动。追思会在唱诗班庄严的歌声中开始，李约瑟研究所副所长黄兴宗首先朗读李约瑟一生所追求的《礼记》中"大道之行，天下为公"的段落，继而，少年唱诗班演唱道教歌谣，这富有浓郁中国文化风格的祈愿将永远伴随这位"荣誉道家"的在天之灵。教堂仪式结束后，李约瑟研究所所长何丙郁在该所发表关于东亚科技史研究的前景的演讲。

他说："由李约瑟开创的中国科学史研究计划，已雄踞东亚科技史研究的领导地位达36年，我们的目标是在未来的研究著作中继续保持这一领导地位。"又说：中国科技史领域不断取得的成功，归功于在50年前便制订出研究计划蓝图的李约瑟。他还对世人关注的《中国科学技术史》的进展情况作了说明。可以预计，基本上已经完成的这部千秋巨著在20世纪即可全部出版。正如李约瑟本人早年时所说的那样："……我们满怀信心，我们的航船正在顺利地驶向目的港，几十年后它一定能够顺利地到达成功的彼岸。至于在出发时担任领航员的人届时能否仍在船上，则是无关紧要的。"

半个世纪以来，李约瑟为了中国，为了中国科技史，耗费了大半生的心血和智慧，他太忙了，太累了，现在，他可在天国与他的二位爱妻共享天伦之乐。他们没有孩子，也没有遗产，他们为人类留下的是剑桥的一座价值连城的李约瑟研究所以及一部永垂青史的丰碑——《中国科学技术史》……

世界五千年科技故事丛书